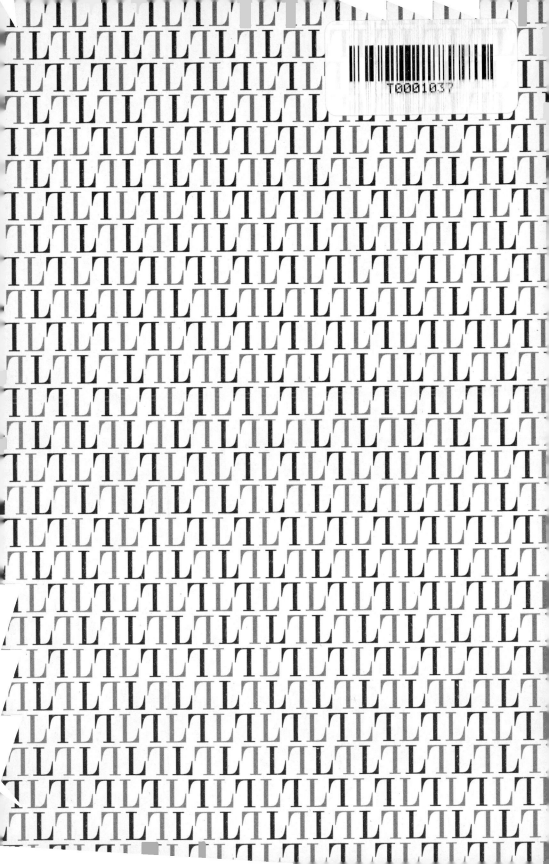

T0001037

Mi nombre es nosotros

Mi nombre es nosotros

Amanda Gorman

Traducción del inglés de
Nuria Barrios

Lumen

poesía

Título original: *Call Us What We Carry*

Primera edición: octubre de 2022

© 2021, Amanda Gorman
© 2022, Penguin Random House Grupo Editorial, S. A. U.
Travessera de Gràcia, 47-49. 08021 Barcelona
© 2022, Penguin Random House Grupo Editorial USA, LLC
8950 SW 74th Court, Suite 2010
Miami, FL 33156
© 2022, Nuria Barrios Fernández, por la traducción
La traductora agradece la colaboración editorial de Nuria Ruiz de Viñaspre

Diseñado por Amanda Gorman y Jim Hoover

Penguin Random House Grupo Editorial apoya la protección del *copyright*.
El *copyright* estimula la creatividad, defiende la diversidad en el ámbito de las ideas y el conocimiento,
promueve la libre expresión y favorece una cultura viva. Gracias por comprar una edición autorizada
de este libro y por respetar las leyes del *copyright* al no reproducir, escanear ni distribuir ninguna
parte de esta obra por ningún medio sin permiso. Al hacerlo está respaldando a los autores
y permitiendo que PRHGE continúe publicando libros para todos los lectores.
Diríjase a CEDRO (Centro Español de Derechos Reprográficos, http://www.cedro.org)
si necesita fotocopiar o escanear algún fragmento de esta obra.

Compuesto por Fernando de Santiago

Impreso en México - *Printed in Mexico*

ISBN: 978-1-64473-445-2

22 23 24 25 26   10 9 8 7 6 5 4 3 2 1

Para todos nosotros
inmersos en el dolor & en la sanación
que elegimos
seguir luchando

Nota de la traductora

En la poesía de Amanda Gorman juega un papel esencial la aliteración.
La estructura gramatical, los tiempos verbales, la puntuación, las propias
palabras son modificados y, con frecuencia, violentados al servicio de la
secuencia silábica y el juego fonético. Gorman crea así una melodía con
fuerte carácter oral que genera su propio significado. Al traducir su obra al
español hemos conservado la aliteración y, cuando esto no ha sido posible,
hemos primado el sentido. Ese difícil equilibrio busca transmitir tanto el
espíritu del libro como su sonoridad.

Índice

La historia y la elegía son similares. La palabra *historia* proviene del antiguo verbo griego ἱστωρειν, que significa «preguntar». Aquel que pregunta —sobre las dimensiones de las cosas, su peso, la ubicación, el talante, los nombres, el carácter sagrado, su olor— es un historiador. Pero el cuestionamiento no es banal. Solo cuando uno se pregunta acerca de un hecho, descubre que ha sobrevivido al mismo y que por tanto ha de cargar con ello, o convertirlo en algo que sea llevadero.

ANNE CARSON

MANIFIESTO NÁUTICO
DE CARGA

Al parecer lo peor ha quedado atrás.
Aun así, seguimos agazapados al despuntar el día,
titubeantes como un ánima sin cabeza en nuestra propia casa,
esperando recordar qué hacer,
qué se supone que debemos hacer.

& ¿qué se supone exactamente que debemos hacer?
Dirigir una carta a este mundo del que soy hija.
Escribimos, pero las palabras se evaporan,
se diluyen como gotas de agua resbalando por el parabrisas.
El poeta juzga que todo lo vivido
se ha distorsionado en un sueño febril
cuya silueta va esbozando nuestra confusa mente.

Para ser consecuentes debemos rendir cuentas:
no con lo que se dijo, sino con lo que se quiso decir.
No con lo que hicimos, sino con lo que sentimos.
Lo que sabíamos aun sin ser nombrado.
Nuestro argumento será
nuestro testimonio.

Este libro es un mensaje en una botella.

Este libro es una carta.

Este libro no se rinde.

Es una alerta.

Es una estela.

Pues ¿qué es un manifiesto sino nuestra posición exacta?

¿Una cápsula capturada?

¿Un contenedor?

¿Una elocuente arca?

& el poeta, el custodio

de fantasmas & conquistas,

de demonios & sueños,

de tormentos & esperanzas.

He aquí la custodia

de esa luz atroz.

RÉQUIEM

POR FAVOR*

Asegúrese de mantenerse [   ] usted & los demás [   ] de cara

[   ] todas [   ]] [   ] las personas [   ] a [   ] tiempo.

---

* El texto corresponde al aviso que se colocó en los ascensores de Estados Unidos durante la pandemia. Amanda Gorman utiliza lo que denomina la «técnica del borrado»: suprimir elementos del texto para dotarle de un nuevo significado. (N. de la T.).

ARBORESCENTE I

Somos
    arborescencia:
lo que
    no se ve
se halla en
    la raíz de nuestro ser.
La distancia puede
    distorsionar la conciencia
de quienes
    somos,
dejándonos alterados
    & consumidos,
como un gélido viento
    invernal. No
olvidaremos
    lo que hemos sufrido.

Lo conservaremos
      por un tiempo,
en silencio,
      nos columpiaremos en sus ramas,
como el niño
      que se niega a volver
a casa.
      Lo conservaremos,
lloraremos,
      sabiendo que
renunciaríamos
      de nuevo
a nuestro mundo
      por este.

EN EL PRINCIPIO

No había palabras para describir lo que vivíamos.
Cuando hablábamos entre nosotros,
las frases sonaban distorsionadas
e inconexas, como un telegrama.
Esperamos todos estemos bien /
dadas las circunstancias /
en estos tiempos /
sin precedente ni presidente.

Al preguntar a los demás cómo estaban,
no esperábamos sinceridad o respuesta alguna.
¿Qué palabras podrían explicar que seguíamos vivos?
Nos convertimos en profesionales de la pena,
en sabios del sufrimiento,
en dominadores del dolor,
en dueños del duelo.
De aquel estremecido marzo nació un año
cargado de soledades,
un hacinado aislamiento.
Recemos para que nunca se repita
ese dolor preciso & colectivo.

Fuimos perdiendo palabras
como el árbol hojas en otoño.
En el lenguaje
no había lugar para voces como *emoción,
anhelo, risa, alegría,
amigos, reuniones.*
Las frases que restaban
eran víctimas de su propia violencia:
¡era enferrmizzo!

*¡Ja! estamos muertos.
Somos cadáveres.*

Esforzarse es dar una puñalada a ciegas,
un tiro al aire.
Queremos saber quién nos ha convertido
en matarifes,
un discurso que se alimenta de sangre.
Enseñamos a los niños:
Dejad vuestra huella en el mundo.
Pero ¿qué lleva al hombre a matar
sino el deseo de dejar huella

en este mundo?
Marcarlo & hacerlo suyo.
Esa sed de ser recordado,
aunque sea por una ruina decrépita.
Niños, no dejéis vuestra huella en este mundo.
Dejadlo tal
como estaba antes.

Pido disculpas por la extensión del poema;
ya no existen palabras pequeñas.
Hemos hallado la retórica del reencuentro
dejando que el amor reclame nuestra lengua,
su sonido contra los dientes.
Nuestros corazones siempre han
latido en nuestras gargantas.

FUGA

No nos malinterpreten.
Nos atormenta lo que ha pasado,
pero más aún lo que pasamos por alto,
sin agradecer ni entender
que cuanto teníamos era nuestro.

Otro vacío más
nos ahogaba:
la sencilla ofrenda de la despedida.
Con *Adiós* decimos al otro:
Gracias por ofrecerme tu vida,
cuando querríamos decir:
Pronto nos saludaremos de nuevo.

Esto es indiscutible:
la tos era una terrible tragedia;
la proximidad, un peligro en potencia.
Cartografiamos cada escalofrío, cada estornudo,
convencidos de que huíamos a la carrera
del virus que corría ya por nuestras venas.

Los días transcurridos, un sueño.
El año, un llanto
consternado & temeroso.

Tal vez sea ese el sentido,
respirar & expirar en esta carne.
Perdónanos,
pues hemos transitado antes
esta senda.

La historia parpadeaba ante nosotros
& más allá de nuestros ojos,
como una película
que atravesáramos con mirada atónita.

Hoy sumamos mil pasos en falso
a nuestro podómetro,
porque cada paso dado
nos ha exigido más de lo que teníamos.

En aquella condición eterna
permanecimos días como muertos vivientes,

temiendo la dolencia & el desastre.

Nuestros huesos marchitos se encogían

como un laurel en sequía, nuestras gargantas

desgastadas en tentativas frenéticas;

el pie vencido,

como un cervatillo famélico.

Nos aguardaban horrores,

erigíamos leviatanes antes de que existieran.

Imposible apartar la cabeza

de la estridente sima.

La ansiedad, ese cuerpo vivo

suspendido a nuestro lado como una sombra.

La última criatura,

la única bestia que nos ama

lo suficiente para quedarse.

Llevábamos ya miles

de muertes en un año.

Entregábamos a las noticias el corazón,

            la cabeza & las vísceras,

nuestros cuerpos, rígidos & tensos preguntándose: *¿Y ahora qué?*

Pero quién tendría el coraje de preguntar: *¿Y si...?*

Qué esperanza podríamos
albergar como un secreto,
        como una segunda sonrisa,
                más íntima & más pura.

Lamento si somos más desconfiados;*
la COVID trató de extinguirnos.
Hoy, los apretones de manos & los abrazos son regalos
que nos asombra dar & recibir.
& así buscamos cualquier excusa:
un clic en el pulmón
que nos hermane a los extraños,
sentirnos como con aquellos a quienes amamos,
un solo organismo que se desplaza instintivamente,
igual que el destello de un banco de peces.
El amor por los otros
        no está contaminado,
            solo se ha transformado.

Con *Hola* queremos decir:

No nos despidamos de nuevo.

Siempre hay alguien por quien morir.

Palpar esa verdad irrefutable,

ese sacrificio natural & espontáneo,

es la cima del amor:

la cumbre que confronta el miedo.

Hemos perdido demasiado para darnos por perdidos.

Nos apoyamos de nuevo en el otro,

como el agua que se desangra en sí misma.

Esta cristalina hora detenida

estalla como la estrella que nos guía,

que es nuestra, ahora & siempre.

En qué más debemos creer.

---

* De hecho, el nivel de confianza social ha sufrido un fuerte descenso en Estados Unidos. Véase David Brooks. Es llamativo que un estudio de 2021 sugiera que los descendientes de aquellos que sobrevivieron a la epidemia de gripe de 1918 sintieran una menor confianza social. Véase Arnstein Aassve *et al.*

CIERRAN LOS COLEGIOS

La noticia
nos golpeó como un mazazo:
todos los estudiantes debían abandonar
el campus lo antes posible.

Creemos que entonces lloramos,
la mente, un manto sin mácula.
Ya intentábamos olvidar
lo que viviríamos.
Lo que cederíamos.
* * *
Cuídate de los idus de marzo.
Sentimos que algo circulaba
desbocado, como un rumor
entre filas.
Los casos se extendían, más & más cercanos,
igual que una gota de tinta en una servilleta.

Nada más preocupante
que un titán que se cree
ajeno al mundo.

* * *

Día de graduación.
Sin toga.
Sin escenario.
Caminamos junto a nuestros antepasados,
sus tambores redoblan por nosotros,
sus pies danzan nuestra vida.
Poderoso aquel a quien roban
& sigue eligiendo el baile.

NO HAY MAYOR FORTALEZA QUE EL HOGAR

Hartos de estar en casa,
anhelábamos el hogar perdido.
La mascarilla en nuestro rostro
embozó también el año.
Cuando entrábamos en casa,
al borde de la asfixia,
nos la arrancábamos como una venda
que velaba
la gran oquedad de nuestra boca.
Aun sin rostro, una sonrisa enmascarada
puede escalar mejillas,
trepando por los huesos,
frunciendo nuestros ojos
delicadamente como papel de arroz,
ante otra belleza igual de frágil:
el melancólico gañido de un perro,
una ardilla aventurándose hacia nosotros,
el eco alegre de la broma de alguien amado.
La mascarilla no es velo, es ventana.
Qué somos sino lo que vemos en el otro.

LO QUE HICIMOS EN AQUEL TIEMPO

- ❏ Esforzarnos por ganar músculo & ser ecologistas.
- ❏ Entrenarnos.
- ❏ Expresarnos.
- ❏ Permanecer en casa.
- ❏ Permanecer cuerdos.
- ❏ Mantener nuestros hornos encendidos para hacer pan.
- ❏ Nuestros teléfonos siempre iluminados con algún
  pretexto para festejar.

Conectábamos con nuestros seres queridos
a través de las barras diagonales de una web,
parecíamos zoom-bis,
los rostros atrapados en la prisión de ese prisma.
Un mezquino zoo(m), sí.
¿Qué podíamos hacer si no?
Solo hay un modo de no morir.

Será una bendición que nuestros hijos
nunca logren a saber
cómo llegamos hasta ahí.

- ❏ Dadles este poema,
  si lo olvidan.
- ❏ Si lo hacen, olvidadlo.

SOBREVIVIENDO

Estas palabras no necesitan ser rojas para que nuestra sangre las
   recorra.
Cuando la tragedia amenaza con aniquilarnos, nos arrastran
   los sentimientos;

nuestros rostros cambiantes, alterables como un terreno al paso de
las estaciones. Tal vez los años estén trazados & planificados

como semillas en un campo recién arado.
En el sueño nos movemos solo por instinto.

Es posible que no sepamos lo que somos,
& aun así hemos sobrellevado lo que fuimos.

Incluso ahora seguimos estremecidos,
porque toda revelación duele.

No tendría que ser así.
Es más, no tendría que ser.

Los desaparecidos no eran / ni son umbral,
ni escalón de entrada para nuestros pies.

Y aunque no murieron por nosotros,
seguimos caminando por ellos.

Solo aprenderemos cuando consintamos que la pérdida,
al igual que nosotros, cante una & otra vez.

LOS BAJÍOS

Estábamos tan necesitados de roce
& tan ávidos de luz
como una llama invertida
devorando calor hasta su origen.
La desesperación es voraz,
toma & toma & toma,
estómago insaciable.
No es una hipérbole.
Todo lo que es hermoso & bueno & honesto
no es exceso, no cuando su vacío
nos empuja a la larga linde de la lid.

Incluso cuando parecemos serenos,
la conciencia de lo perdido
nos arrastra como un fantasma.

Lo vivido
permanece indescifrable.

& sin embargo, seguimos avanzando
& aun así, escribimos,
& así, escribimos.
Mirad cómo nos deslizamos sobre la niebla
igual que una cumbre anochecida.
¿Nuestra carga será hiel?
       ¿O será miel?

Lamentaos.

Después, elegid.

& ASÍ

Qué fácil lamentarse,
más arduo confiar.

Esa verdad, de claridad meridiana,
es sentida o no se siente.
Lo memorable no fue hecho para ser fragmentado.
A pesar del terror que la aflige,
esta chica Negra aún sueña.
Sonreímos como un sol sin ocaso.

La pena, cuando desaparece, lo hace suavemente,
como el aliento
que retenemos sin darnos cuenta.

El mundo es redondo,
no hay modo de alejarse del otro,
porque incluso entonces
volveremos a juntarnos.

Cuanto más nos alejamos
más se acorta la distancia.

HERIDA

No es fácil herir.
El verdadero daño está estancado, suspendido.
:Inaudible:
Debemos cambiar
este final en todos los sentidos.
* * *
La enfermedad es muerte fisiológica,
la soledad, muerte social,
allí donde el antiguo *nosotros* se desploma como un pulmón.
* * *
Algunos días, solo necesitamos un lugar
en el que sangrar en paz.
La única palabra para esto es
poema.
* * *
No hay manera exacta de decir
cuánto nos hemos extrañado los unos a los otros.
La conmoción inunda el cuerpo,

es un dolor que traspasa los huesos.
Nos tornamos hacia un alma afín,
a través de la herida de nuestras vidas.
Tal vez ese dolor es como un nombre
que solo canta para ti.

* * *

Pedimos disculpas
con nuestras elocuentes manos:
      seguimos estando heridos,
pero ya no dañamos
           al otro.
No hay manera mansa de reparar.
Debemos destruirnos con cuidado.

EL BUEN DOLOR

La palabra *trauma*
no solo significa «herida», también «perforación» o «giro»,
como viaja la navaja para encontrar su hueco.
El dolor tiene su propia gramática,
establecida por lo íntimo & lo imaginario.
Cuántas veces decimos:
Nos abruma tanto dolor.
Es imposible imaginarlo.
Así, la angustia nos lleva a prever
lo que no nos creíamos capaces de soportar
incluso de sobrevivir.
Existe, por tanto,
un dolor bueno.

A través de ese dolor sabemos
que estamos vivos & conscientes;
él nos predispone para los exquisitos
& espantosos acontecimientos venideros.

Un giro nos impulsa hacia delante,
nos atraviesa de nuevo.

La gravedad no tiene por qué ser
una carga o una angustia.
Llamadla, por ejemplo, ancla,
un dolor que nos fija por agarre al fondo de su propio mar.
La desesperación nos abandona tal como nos invade,
a través de la boca.
Incluso ahora, esta certeza produce
una magia extraña en nuestro idioma.
Nos reconstruimos
con lo que
hacemos / encontramos / vemos / decimos / recordamos
/ sabemos.
Nuestra carga nos dice que hemos sobrevivido,
el lastre es lo que nos sobrevive.
Sobrevivimos a nosotros mismos.
Donde antaño estuvimos solos,
ahora nos acompaña esa sombra.
Donde fuimos cortantes & crueles como cuchillas,
ahora solo nos es posible imaginarlo.

UN NAUFRAGIO EN CADA HOMBRE

ESSEX I

El Essex era un barco ballenero americano que sufrió el ataque de un cachalote en 1820. De los veinte tripulantes, solo ocho sobrevivieron, solo ocho fueron rescatados tras permanecer en el mar, a la deriva, durante tres meses. La tragedia inspiró a Herman

Elige una tragedia & escribe un libro. Mirad. Solo cuando nos estamos ahogando descubrimos con cuánta furia pueden patalear nuestros pies. Estábamos perdidos, abandonados & llorábamos, ¡oh, insondable mar! Cuántos naufragios encerramos en nuestro interior. Dondequiera que miremos hay un cuerpo destruido. Nos enseñaron a no utilizar el «yo» para escribir, porque eliminar esa voz legitimaba el argumento. Pero descubrimos que no hay nada más convincente que nuestro cuerpo propio ser: nuestra vida, nuestro cuerpo & sus latidos exponiendo su accidentado punto de vista. Decidnos qué hay más poderoso que lo no borrado. Aquellos hombres pasaron meses a la deriva, sin ver más rostros que los suyos, lívidos en un mar incandescente. Si esperas un tiempo, los niños se volverán rudos como animales, las barbas se despeñarán como bufandas sobre sus pechos. ¿Acaso lo que sobrevive, lo que se salva, ha de ser salvaje? ¿Es este el mar del que surgimos, menos animales & más humanos? Cadavéricos. Consumidos. Con el corazón contrito. Sí. Pero humanos. (In)humanos. Es así, nos convertimos en lo que cazamos y, sin poder evitarlo, acabamos pensando como nuestras presas. Lo que matamos mantiene las luces de un mundo aferrado a la noche, nuestro siglo iluminado por la sangre. Cuando aquella ballena atacó el barco, no hubo duda de que el odio también podía habitar en un animal. Cazar ballenas es como ir a la guerra, quizá no regresemos nunca de un naufragio ilegible. En frágiles & pequeños botes a la deriva, los marineros se alejaron de la promesa de tierra firme,

Melville su novela *Moby Dick*. En aquel tiempo, las ballenas se codiciaban por su grasa, que se utilizaba para lámparas de aceite & otros productos básicos.

No te estoy contando tanto una historia como un naufragio: fragmentos a la deriva que, al final, se tornan legibles.

OCEAN VUONG,

En la Tierra somos fugazmente grandiosos

martirizados por el temor a los caníbales, esas fábulas sangrientas sobre extraños. Aquella decisión incrementó el terror a la extensión de agua que es un océano embravecido. Acaso somos ya distintos, menos desgarrados, absortos & perdidos. La pérdida es indescifrable. ¿Puedes ser rescatado si antes fuiste destruido? Los vemos ahora, tras aquellos febriles meses, al final de sus sombrías pesadillas, la carne de sus amigos mancillando sus dientes. Han devorado a siete de los suyos. Nos convertimos en aquello de lo que huimos & en aquello que tememos. Luz, quién puede pagar ese alto precio. Podemos equivocarnos. A menudo lo hacemos. Pero nos negamos a creer que la única manera de aprender sea con el látigo & el sufrimiento, empujados por el arpón del desastre. A pesar de la creencia popular, mentir no es sencillo. El cuerpo es elocuente, la sangre fluye hacia lo verdadero. Nacemos honestos, confiados, sin límites, sin que nada de lo que amamos esté proscrito. Mirad: nuestras manos abiertas, pero no vacías, como algo que florece. Seguimos avanzando albergando tan solo esto: una vida.

MI NOMBRE ES NOSOTROS

Concédenos este día
en el que marcar nuestro nombre.

Cuántas veces la mitad de nuestro cuerpo
no nos pertenece,

nuestro ser convertido en un navío
de células no humanas.

Para ellas somos
remolque de una existencia,

esenciales.
Un país,

un continente,
un planeta.

Microbioma humano sus rizadas formas
esbozando vida bajo nuestra vida, fuera

& dentro de este cuerpo.
No,

no me llames yo,
mi nombre es nosotros.

Nuestro nombre es lo que somos,
nuestra carga es nuestro nombre.

OTRA (ODISEA) NÁUTICA

El agua tiene memoria y tiende incansable a regresar a su
lugar de origen.

TONI MORRISON

El sufijo inglés *-ship* no guarda relación con la palabra *barco*.

Significa más bien «cualidad, condición, habilidad, oficio».

Su origen proviene del inglés antiguo *scieppan*, que significa
«dar forma, crear, formar, destinar».

Añade *-ship* al final de la palabra & cambia su significado.

Relation	→*ship*
Leader	→*ship*
Kin	→*ship*
Hard	→*ship*

Añade *-ship* al final del planeta & cambia nuestro significado.

Este libro, como un barco, nace para ser habitado.

¿Acaso no somos los animales

que, de dos en dos,

desconsolados, astados & ungulados,

se adentran en el arca de nuestras vidas?

Nosotros, mamíferos marcados para anegar

este día que late hacia el mañana.

** * *

To ship, en términos coloquiales, significa imaginar o colocar en pareja, emparejar a dos personas o dos cosas, embarcarlos juntos. Es una versión abreviada, verbalizada, de *relationship,* soñar con amor donde había un vacío.

Relationship   → *ship*

A veces un fragmento no es menoscabo,

sino incremento.

No es incisión, sino culmen.

No es pérdida, sino ganancia.

La vida ha tomado el sufijo -*ship*, lo ha hecho verbo,

　　　ha elegido un sonido

　　　　　& le ha dado impulso.

Solo las palabras son capaces
de empujarnos hacia algo nuevo
& al hacerlo, acercarnos → juntarnos.

Acaso nuestras relaciones son lo que nos conforma,
pues la hermandad es nuestra naturaleza & una necesidad para
    nosotros.
Estamos hechos de lo que imaginamos.

Existe una unidad
que no precisa
de un «ellos» amenazador.
Esa es la definición del amor.
No hemos tenido que odiar a nadie
para abrazar a otro, no hemos tenido que temer
para apreciar los corazones que laten por nosotros.

A lo largo & ancho de este naufragio sin mar
hemos buscado,
ya no la tierra ocre,
sino a nuestros semejantes,
juntos
hemos cartografiado las orillas.

Zarandeados por las violáceas aflicciones,
llegamos a nosotros mismos.

* * *

La esperanza es ese pájaro emisario
que enviamos a sobrevolar el mar
para constatar si esta tierra es aún hogar.
Preguntamos honestamente:
¿lo es?

* * *

Al igual que el agua, no olvidamos nada,
renunciamos a todo.
Al igual que el agua, las palabras
son inmersión.
A través de ellas nos desprendemos
de aquello que no somos.
Con palabras
nos amarran & desamarran.
Despertémonos & rujamos
como las antiguas bestias que somos.

EN LAS PROFUNDIDADES

Surcamos las noticias
como un barco al envite de las olas.
Durante un año el televisor
se hizo faro cuya luz
alerta & no conforta.
Nos sentíamos criaturas engendradas en la noche,
hibernando de nuestra propia humanidad.
El dolor transformó nuestros brazos en sogas.
Durante ese tiempo, lo que más ansiábamos
era aquello que amábamos.

* * *

Las horas vagaban sin rumbo,
como una bicicleta sin manillar.

Hasta.
Cuándo.
Volver a la normalidad,
repetíamos, como un conjuro
con el que invocar el Ayer.

* * *

Lloramos por el pasado
más de lo que lo añoramos.
Reverenciamos lo normal en lugar de
recordarlo verazmente.
¿Acaso no vemos
las múltiples formas
en que «lo normal» puede
c h i s p o r r   o t e a r
&
morir?
* * *

Sí, la nostalgia tiene sus razones:
inmersión en lo espectral,
trabajos que nunca volvieron,
los gritos atávicos de las madres,
las mentes de nuestros hijos apartadas de la escuela,
funerales sin familia,
bodas en barbecho,
recién nacidos en aislamiento.
No permitamos que nadie deba de nuevo
comenzar, amar o terminar en soledad.
* * *

La tierra es un truco de magia;

cada segundo algo hermoso

desaparece de la escena,

como si volviera a casa.

No existe palabra

para mudar en fantasma o recuerdo.

Pertenecer a un lugar

es recordar su lugar,

la medida de su anhelo.

Claro que esta elegía no basta.

Digámoslo abiertamente:

llamadnos por quienes dejamos detrás.

* * *

No nos perseguirá aquello que hicimos,

sino lo que ocultamos,

lo que mantuvimos al margen & alejado.

La mano cerrada con fuerza

con cada golpe a un Negro.

Imposible comprender esos fantasmas.

Pero no les temas.

       Aprende de ellos.

* * *

Lentamente como el mar
surge un decir obstinado & vehemente:
Si está en nuestra mano, tendremos esperanza.
La encontramos en un millón de deleites
inmensos:
la risa a carcajadas de un niño,
julio regalándonos una piel de vidrio,
la música desdibujando una calle en verano.
De qué manera cuando estamos entre amigos
nuestra risa surge
de la nada.
A través de este agujero en el techo
se ve una puntada de cielo.
Nuestras heridas son también ventanas.
A través de ellas vemos el mundo.

* * *

Pedimos un milagro,
obtuvimos un espejo.
Observad cómo, aun sin movernos,
nos reunimos.
¿Qué hemos aprendido? *Nada. Todo.*

¿Qué estamos haciendo?

Escuchar.

Tuvimos que perdernos a nosotros mismos
para ver que no necesitamos un reino,
sino esta hermandad.
Es la pesadilla la que nos despierta con su zarandeo,
nunca el sueño.

FARO

Homo sum, humani nihil a me alienum puto.

TERENCIO

Nunca nos vimos
& aun así nos perdimos de vista,
dos faros titubeando en la niebla,
incapaces de ayudarnos.

El año fue un no año.
Cuando la próxima generación pregunte, contaremos
que sucedió algo parecido a esto:
patios de juego vacíos, oxidados,
cuerpos alineados como tallos de apio,
la huella de lo cálido, las vacaciones,
las reuniones, las personas,
todo enmohecido en nuestro cráneo.
Los instantes se tambaleaban, sin horarios,
sin planes, no sin trama. El tiempo se des   plo   mó
en poco m   ás que   una forma
que intuíamos paralizados

(& decidnos: qué es una hora
sino la rotación que marca nuestro dolor).
Los meses transcurrieron rápidos, arrastrándose
como el hálito de un fantasma atrapado en el retrovisor.
Nuestras almas, solemnes & solitarias.

Por aquel entonces, nuestro miedo era antiguo & preciso,
desgastado & rígido como un objeto de segunda mano.
¿Cuándo no ha sido el horror nuestra herencia?
* * *
El corazón, sepultado por la pena,
la mente, acomodada en ella.
Éramos libres de permanecer ahí,
pero escapamos de aquel lívido mapa.
La esperanza no es ni puerto silencioso ni refugio.
Es bramido que te arrastra
más allá de las orillas a las que nos aferramos.

Y aunque nunca nos hayamos visto,
siempre hemos presentido al otro,
silencioso & errante, iluminado,
un idéntico afán seguir avanzando.
Nada humano nos es ajeno.

BRÚJULA

Un año de la medida de un mar,
que arranca la misma náusea.
Como una página, solo somos legibles
cuando nos abrimos al otro.
Pues qué es un libro
sino un cuerpo,
que espera & desca
completarse,
llenarse de sí mismo. Este libro está repleto
de nosotros. El pasado es
un apasionado *déjà vu*,
una escena ya vista,
la historia donde hallamos nuestros rostros
reconocibles aunque no recordados,
rostros familiares & a la vez olvidados.
Por favor.
No nos preguntéis quiénes somos.
La parte más ardua del dolor
es darle nombre.

El sufrimiento nos separa,
igual que se separan los labios prestos al habla.
Sin lenguaje, nada vive,
nada es más allá
de sí mismo.

Perdidos como estamos, qué mejor
brújula que la compasión.
Nos encontraremos no al ser vistos,
sino al ver.
Contemplamos a un niño
jugar en la hierba cálida;
no huye, corre tal como hacen los ríos.
Es así su naturaleza sin trabas.
Sonreímos, nuestro rostro iluminado
por la escena deslumbrante.
¡Cómo no inmutarnos!

HEFESTO

Prestad atención.
Al haber caído
en esta era de errores,
hemos de erguirnos entre los pecios.
Qué nos ha pasado,
nos preguntamos. ¡Qué osada interpelación!
Como si fuésemos solo afectados,
la vasija de este enmarañado trauma.
Como si no hubiésemos proferido el grito
que hizo escorar nuestras proas.

Caerse & levantarse
con esfuerzo idéntico.
Recordad:
las circunstancias que atravesamos
nos atraviesan.

La pregunta es:
¿cuánto más podremos aproximarnos a la luz
antes de cerrar los ojos?

¿Cuánta oscuridad podremos soportar
antes de ser más que nuestras sombras?

Prestad atención.
El cuidado es la deuda
que contraemos unos con otros.

* * *

Esto no es una alegoría.
Descendamos a nuestro interior,
como la fruta presa en su rama.
Esa inmersión es el inicio
de lo que debemos llegar a ser.

* * *

Digamos que trastabillamos en la escalera:

el miedo trepa por nuestras venas...

... incluso al hallar nuestro pie tierra firme.
La sangre bombea en las arterias
recordándonos la fugacidad de la vida,
somos perecederos, sí,
pero persistentes, vivos & lívidos.
   ¡Cuántas veces

            la caída

         nos hace

               reencontrarnos

                     con

                     nosotros mismos!

TODOS LOS DÍAS APRENDEMOS

Todos los días aprendemos
cómo buscar lo correcto, no lo cómodo.
Cómo avanzar rápido, no con rabia,
Cómo desprendernos de ese dolor que nos precede,
nos persigue.
Igual que una destreza o un arte,
la esperanza nunca será nuestra si no la practicamos.
Ese es el oficio esencial que nos exigimos a nosotros mismos.

CORDAJE, o EXPIACIÓN*

[Hensleigh Wedgwood, *A Dictionary of English Etymology*, 1859]

Llamadnos cebo de pesca.
No somos vates.
No somos valiosos.
Nuestro año completo, engullido
por enormes fauces.
Qué otra cosa podrían haber digerido
nuestros corazones colosales por contritos.
Todos & todo, un infierno, una conmoción,
cual mar que contiene su aliento, su tiempo
para retener su ser.

Subsistir significaba estar separados
juntos, tan cercanos en la distancia.
Para seguir en el lado de los vivos
tuvimos que mantenernos alejados,
            con vida, sí, pero solos.
Muerte por supervivencia

---

* *Cordaje* en inglés es *cordage*. Amanda Gorman juega con la voz latina *Cor, cordis*, que significa «corazón». Así, el título hace referencia a la imagen del barco que recorre todo el poemario y, al mismo tiempo, a su valor sentimental. *(N. de la T.)*.

* * *

  La palabra *atone** proviene
de la unión en el inglés medio
de *at* & *on(e)*, literalmente «at one», «en armonía».
En la segunda mitad del siglo XVII, *atone* significaba:

«Reconciliar, o lo que es lo mismo, sufrir
cualquier sacrificio necesario en aras de la reconciliación».

Ahí navega nuestra única esperanza,
ininteligible en su magnitud,
como una aleta arrastrándose por debajo de nosotros.
Aún atormentados,
seguimos en pie,
refulgentes como una playa.
A pesar de los presagios, he aquí la prueba
de que los mansos redimirán la tierra.

* * *

Llamadnos Odiseo,
astuto como estas millas de sangre derramada.
Nuestros dioses deben a los hombres muchas revelaciones.
   Respuestas, queremos decir.
Ocultamos una multitud en el cuerpo

---

* «Expiación». *(N. de la T.)*.

del poema, salvaje como un lobo en su bosque.

La fuerza no está vinculada a la supervivencia.
Lo que resiste no siempre consigue escapar
& lo marchito aún está a tiempo de subsistir.
Vemos a los hombres enmendar el mundo con sus oraciones,
las palabras aleteando contra sus manos.
La poesía es en sí misma plegaria,
lo más cerca que están las palabras de su intención.

En el décimo año de esta lucha,
no permitiremos que las sombras
se muevan libremente dentro de nosotros.
De un salto, saldremos de esta noche
que se precipita sobre nuestras cabezas.
¡Qué difícil resulta cambiar
sin que nadie dentro de nosotros muera!
* * *
Llamadnos un éxodo
asolado por más de diez plagas.
Todo cuanto vemos es rojo.
El lenguaje intencional, como el poema,

separa nuestras aguas de un tajo
para descubrir que el mar también se aflige & ofrece
lo necesario para ser surcado.

* * *

No.
Somos la ballena,
con un corazón tan inmenso
que no puede dejar de lamentarse.
No podemos evitar ayudar.
Si pudiésemos elegir, no estaríamos
entre los Elegidos,
sino entre los Transformados.

        La unidad es misión devocional,
          la palabra que labramos
hasta alcanzar la liberación, exhaustos.

Pero el futuro no se alcanza,
se expía, en tanto no
se reconcilie con la historia,
hasta que el hogar sea algo más que un recuerdo,

hasta que podamos tener cerca
a nuestros amados.

¡Qué extraordinario naufragio somos!
¡Cuánto esfuerzo por salir de nuestra madriguera,
apartada & fría!
Como una enredadera que brota de la nada,
nos esforzábamos, sí, pero qué desdichados nosotros
en esta mortal tierra
& aun así, no hemos sido mermados.
Redimamos nuestras vidas
aunque solo sea por este nuevo día.

LOS OJOS
DE LA TIERRA

LUMINOSO

Qué pareceríamos, despojados de todo
como un árbol en invierno.
Bruñidas costras, pieles tensas,
pueden parecer argénteas bajo ciertas lunas.
En otras palabras,
nuestras cicatrices
son nuestro fulgor.

* * *

Luna creciente,
herida luminosa de la noche.
Bajo ella somos robles derribados,
ramas repletas de vacío.
Mirad atentamente.
Lo que compartimos
es más de lo desechado.

* * *

& lo que compartimos es corteza & hueso.
Los paleontólogos, a partir de un fémur fosilizado,
sueñan una especie,
crean un cuerpo
donde antes no había nada.
Nuestros restos son revelación,
nuestros réquiems, arrebato.

Encogidos bajo tierra
somos la verdad preservada,
desprovistos ya de piel.

* * *

Lumen significa cavidad
dentro de un órgano, literalmente abertura,
& unidad de flujo lumínico,
esto es, la medida de cuán luminosa
es una fuente. Iluminadnos.
También nosotros
somos una unidad de flujo lumínico,
un organismo resplandeciente,
el hueco para que esa unidad se abra paso.

* * *

Lo siento, la luz nos ha engañado, decimos
oprimiéndonos los párpados.
Pero ¿y si fuéramos nosotros mismos los que fabricamos
la mentira con esa luminiscencia?
Nuestras sombras han engañado a las estrellas.
Cada vez que ellas miran hacia abajo,
ven monstruos & en el acto hombres,
depredadores & después personas,
bestias & al momento seres,
atrocidades & luego humanos.
De todos los astros, el más bello
no es sino un monstruo
tan hambriento & desamparado como nosotros.

VIDA

La vida no es lo prometido,
sino lo buscado.
Estos huesos no son lo encontrado,
sino aquello por lo que luchamos.
Nuestra verdad no es lo que dijimos,
sino lo que pensamos.
Nuestra lección, todo lo tomado
& todo lo traído.

ALARUM[*]

Escribimos como hijas de un / mundo moribundo, / su nuevo rostro de alerta. / En matemáticas, la barra diagonal / también llamada solidus / significa división, dividido por. / Así nosotros estábamos divididos / los unos de los otros, persona / persona. / Algunos sufrimientos, como los ríos, no se cruzan, / intransitables. / No se vadean / se camina junto a ellos. Nuestra pérdida / colosal & florecida / no se ha perdido en nosotros. Amemos la tierra / nosotros le hemos fallado. Por decirlo claramente, / hemos ahogado la Tierra, / mancillado el suelo / & embarrancado el territorio. / Escuchad. Somos el peaje vociferante / de este planeta. / Nuestro futuro nos necesita / alarmados. El hombre es un mito / en ciernes. / Lo que ahora es polvo no volverá, / tampoco los amados, / ni su aliento, / ni los glaciares que se desmoronan como azúcar, / ni los cuervos que mastican / su propia canción agria, / ni todas las especies / quebradas / con un arpón de smog. / La extinción es un coro / de silenciosos golpes / a esa misma nota. Lo que no puede ser recuperado / aún puede volver / en el recuerdo, / en la boca, / en la mente. Afirmar lo obvio es contar / solo la mitad / de la historia.

---

[*] «A las armas», del italiano *All'armi*, término asociado al sonido de trompetas, tambores y campanas. Usado por Shakespeare. *(N. de la T.)*

LOS OJOS DE LA TIERRA

Qué hemos hecho.
Apretamos la mandíbula, los hombros
pegados a las orejas, los huesos preparados para una
batalla brutal. Al decir: *Pensad en la próxima generación,* queremos
decir: *El suelo que hay bajo nuestros pies se deteriora cada día, estamos
llevando el fin de la Tierra a todos sus confines.* Por favor, creednos cuando
decimos que también a nosotros nos duele imaginar lo nuevo. La reparación no
radica en esa tierra que creemos propia, sino en la deuda que tenemos con ella,
el suelo & el trabajo de los que nos apropiamos desde el principio. No hay agenda
más importante que esta: el agua, potable; el aire, respirable; los pájaros, dibujados &
desdibujados en la brisa; los árboles exhalando al cielo; nuestros hijos, felices &
dorados en la hierba. Sinceros por vez primera, debemos recuperar la Tierra. Se nos
ruega que la salvemos. Chillamos con los niños que deben arreglar el mundo, porque
afrontarlo ya no es suficiente. *Los jóvenes nos salvarán,* nos dicen. Pero eso es su
propio consuelo. Nuestras exiguas vidas apuntan a los monstruos de cabeza
aceitada que mostraron sus fauces antes de que diéramos nuestro primer
vagido. Generaciones del tiempo anterior ¡sed nuestros reclutas,
no nuestros rescatadores! Oh, cómo querríamos a nuestros
padres enrojecidos e impacientes, indomables
& anhelantes por el cambio, como
nosotros.

ARBORESCENTE II

Como árboles,
        siempre estamos
buscando
        calor,
no con
        los ojos,
sino con la nebulosa
        de nuestros cuerpos,
lo celestial
        cosido dentro de nosotros.
Alzaos,
        porque
hay maneras
        de detenerse &
dejar que la alegría encuentre
        esta herida,
incluso
        mientras
permitimos que la pérdida

                    invada
nuestra cabeza
                    como
un leve
                    sonido.
Nos aferramos
                    a lo mejor
de nos
                    otros
& comenzamos.

CAUTIVOS

Los animales inundaron las calles
reclamando respuestas o sustento,
estaban ahí para recuperar
lo que era suyo.
Fuimos arrastrados por un olvidado
anhelo de naturaleza,
por un cielo de lánguido azul,
por el conmovedor titilar de las estrellas.
Era junio, descalzamos nuestros pies
pegajosos por el verano & nos sentamos
en el césped de un extraño,
por sentir en nuestra piel
el fresco hálito de la hierba.
Aún seguimos en aquel césped,
los ojos cerrados,
el cuerpo balanceándose
sin brisa.

(Los animales en cautividad manifiestan lo que se
denomina un comportamiento estereotipado: acciones

repetitivas e invariables sin finalidad ni función alguna.
Entre los comportamientos estereotipados se incluyen un
deambular incesante, aseo exagerado, balanceo, pataleo,
sueño excesivo & automutilación).

Nuestros (re)cuerdos son
grises & tormentosos.
El aislamiento genera su propio clima.
Seis meses & seguíamos sin comprender
lo que íbamos perdiendo minuto a minuto.
Nos acechábamos a nosotros mismos en casa,
Absolutamente abúlicos, incesantemente indignados.
Nos mordíamos las uñas hasta los nudillos,
rechinábamos los dientes hasta el olvido,
rumiábamos recuerdos inmaculados
en nuestra cabeza, como un centavo de la suerte
que se frota hasta que pierde su imagen.
Caminamos a diario con los moribundos
de la tierra. Las esperanzas atragantadas, una extinción.
¿Qué se entiende exactamente por «normal»?
¿Qué se entiende, exactamente?

(Las estereotipias se manifiestan en muchos animales,
entre ellos elefantes, caballos, osos polares, macacos &
humanos. Como el comportamiento estereotipado no se
ve en la naturaleza, se considera un poderoso indicador de
la deficiente salud psicológica de un organismo enjaulado.
Así, las estereotipias se califican como anormales (o, más
bien, el entorno de cautividad es la verdadera anormalidad).
Las jaulas más pequeñas pueden exacerbar las estereotipias.
Estar cautivo es, pues, convertirse en un tropo de uno
mismo).

Los propios sapiens, nosotros, inundamos las calles
exigiendo respuestas & cambio.
Amar es responsabilizarnos
de nosotros & de los demás.
Nuestro anhelo de naturaleza
es un anhelo del origen,
ese lugar verde & enmarañado
donde somos insignificantes
& significamos tanto como lo demás.
Contamos cada orgánica & ordenada
palpitación que nos convierte en este mamífero erguido.
También las hormigas, incluso la hormiga reina,
cargan & entierran a sus muertos.

No podemos calcular lo que daríamos
por ser ese corazón invicto.

(Encerrado, el animal puede repetir un comportamiento una
& otra vez, al mismo tiempo una & otra vez, en el mismo
lugar una & otra vez, con los mismos resultados. Lo que aquí
describimos es locura. O el año 2020).

Tal vez exista un día sin ese ajado escenario
de terror, solo un éter engarzado en
azul. La belleza del planeta,
cuando recordamos mirarla,
nos deja atónitos, como si fuéramos niños.
Al cuidar declaramos
que estamos aquí,
que somos.
Solo así nos hacemos
libres.

PAN

Pandemia significa todo un pueblo.
Pandemonio, todos los demonios.
Pandora, la dotada de todos
los dones. Pan, el dios de
la naturaleza. Todos los
individuos tenemos un
significado, poseemos todos
los demonios, todos los dones.
He ahí nuestra divina naturaleza.
Hoy sabemos que la caja de Pandora,
esa vasija entreabierta, ese *pithos* (señalar el error
de traducción es arriesgarse a ser recordado por esa
ficción), era un recipiente donde almacenar grano, aceite,
trigo e incluso muertos. Todos necesitamos lugares donde
guardar nuestro dolor. Dónde si no ponerlo. Aquel
contenedor encerró la plaga en su totalidad, todo el dolor
& la esperanza toda. No sucumbamos al pánico.
Recurramos a un compañero. Qué somos sino
la curiosidad de destapar los féretros que
cargamos, quiénes somos sino todo
aquello que se nos escapa.

MEMORIA

MEMORIAL

Contar una historia.

es recordarla.

Ser memoria viva.

En la antigua Grecia se creía que las Musas, aquellas hijas de la Memoria de pies delicados, inspiraban a los artistas. No es el conocimiento, sino el recuerdo lo que nos lleva a crear. Quizá por eso tantas veces el arte surge del trauma, de la nostalgia o del testimonio.

Pero ¿por qué la aliteración?
¿Por qué la percusión pulsante, la secuencia silábica?
Es el poeta quien devuelve el pasado a golpes.

El poeta trasciende el verbo *contar*, traspasa el *interpretar*; porque es él quien recuerda la historia, palpa, paladea, prende su inmensidad.

Solo entonces la Memoria, antes varada, encuentra en nosotros un puerto seguro.
Sentid cómo estos relatos trituran nuestra hambrienta boca.

PRE-MEMORIA

Marianne Hirsch afirma que los hijos de los supervivientes del Holocausto crecen con recuerdos del trauma de sus padres; es decir, que pueden recordar sucesos dramáticos que ellos no experimentaron en su propia carne. Hirsch lo llama posmemoria. Seo-Young Chu estudia lo que denomina posmemoria *han*; *han* es el término coreano que designa el duelo colectivo. La posmemoria *han* es el *han* transmitido a los americano-coreanos por las generaciones previas. Como escribe Chu: «La posmemoria *han* es una paradoja: la experiencia recordada es virtual y real al tiempo, de segunda mano y conocida; antigua y presente». Así, el eco del látigo de Jim Crow* estalla en los cuerpos Negros incluso antes de que nazcan.

* * *

Un trauma es como una estación, grave & constante, una fuerza a la que cerramos la ventana.
Incluso cuando pasa, sabemos que regresará a nuestro porche ululando de forma salvaje.

---

* Jim Crow no fue una persona real, sino la invención teatral de un actor blanco, Thomas Dartmouth Rice, en 1830. Con la cara pintada de negro, Rice caricaturizaba en su espectáculo a los afroamericanos. Su creación se hizo tan popular que Jim Crow se convirtió en un epíteto peyorativo para referirse a los negros y llegó a dar nombre a las leyes de segregación racial que se implantaron a finales del siglo XIX, especialmente en el sur de Estados Unidos. *(N. de la T.)*.

Destruimos todo lo bueno para que no nos avergüence en el futuro.

Qué fácil es abandonar & a la vez amar este lugar.

* * *

Así, la memoria colectiva no necesita haber sido vivida para ser recordada. El dolor, la curación, la esperanza no están sujetos al yo & con frecuencia son recordados por numerosas personas.

En español, como en otras muchas lenguas, la conjugación verbal a menudo suple al pronombre. *Llevo* significa «I carry». El pronombre *yo* (que significa «I») es innecesario. El *yo* no está ausente, sino asumido. *Lleva*, por ejemplo, puede hacer referencia a ella / él / ello / tú. Algo similar, & podríamos decir exponencial, sucede con la posmemoria. La posmemoria no es el solista, sino el coro, un leal nosotros que no se sitúa por encima de los otros, sino entre ellos. El trauma se convierte en: yo / tú / ella / él / vosotros / ellos / nosotros recordamos. Yo / tú / ella / él / vosotros / ellos /nosotros estábamos allí.

* * *

Estar junto al otro también generaba terror.

¿Quién no ha confundido el dolor con la cercanía?

No creáis una sola palabra que salga de nuestras bocas.
Diríamos cualquier cosa para no morir ahogados

* * *

Mantenemos que la prememoria es el fenómeno por el
que recordamos lo que aún estamos experimentando. Es
lo que nos permite identificar una realidad actual con una
memoria colectiva, aunque dicha realidad esté en curso.
Los recuerdos no pertenecen a una sola persona ni tienen
un fin cronológico preciso. La afirmación se convierte en:
yo / tú / ella / él / vosotros / ellos / nosotros sabemos. Yo /
tú / ella / él / vosotros / ellos / nosotros estamos aquí.

* * *

Hurgad en la cicatriz, hacedla hablar.
Así es como despierta la memoria.

Nuestra cabeza, un péndulo,
un eco originado mucho tiempo atrás.

* * *

Cuántas veces, tras vivir algún hecho dramático o
divertido, algunos de nosotros pensamos: *¿Cómo contarlo?*
¿Es posible contarlo? ¿Cómo podemos tan siquiera comenzar
a narrar la historia de lo que nos ha pasado?

La prememoria define quiénes somos como
individuos. ¿Olvidaremos, borraremos, censuraremos,
distorsionaremos la experiencia mientras la vivimos
de manera que no pueda ser recordada con fidelidad?

¿O preguntaremos, asumiremos, conservaremos, compartiremos, escucharemos & seremos sinceros para no tener que revivirla?

Esa es la diferencia moral entre amnesia colectiva & memoria colectiva.

Contar historias es la forma en que la memoria no verbalizada se convierte en arte, se convierte en artefacto, se convierte en hecho, vuelve a ser sentida, vuelve a ser libre. Imperios enteros han sido levantados & arrasados por menos. No hay nada tan agonizante ni tan peligroso como la memoria inexpresada, inexplorada, inexplicada e inexplotada. El dolor es una granada que siempre estalla.

* * *

Una sonrisa aquí es la estrella súbita, aún viva, que nos guía. Vivir para morir es una condena pero también es redención.

Todo lo que sabemos por ahora es que estamos lejos, muy lejos de lo que sabemos.

A QUIÉN LLAMAMOS

¿Qué es la escritura sino la preservación de los fantasmas?

CAMERON AWKWARD-RICH,

Essay on the Appearance of Ghosts

Despertamos a los fantasmas,
en busca de respuestas.
Esto es, buscamos
su memoria
& por su memoria los tememos.
¿Nuestro país? Tierra de sombras.
Mas no hay más espectros que nosotros.
Si hemos de invocar
a alguien o algo,
que sea a nuestro ser, tan delicado.
* * *
Como los fantasmas, tenemos demasiado
que contar. Nos las ingeniaremos,
aunque sea en el camposanto.
Al igual que ese lugar,
estamos hechizados & hambrientos.
El pasado es nuestro hogar,
allí lo que nos conforma fluye de nuevo
posándose en el fulgor de las cosas.

CUÁNDO

Aunque olvidemos esta inmensidad, seguirá siendo
nuestra, pues hemos registrado sus misterios: hicimos
aquello que otros no se atrevieron a hacer. Recogimos
todos los dolores fulminantes, temibles e imaginados &
los desmenuzamos, pese a que aún no disponíamos de
palabras con las que cartografiarlos.

Alguien nos lo acabará recordando, aunque sea en otro
tiempo, aunque sea con otro nombre.

Nos abrazamos a nosotros mismos, como si así
pudiésemos retener cuanto hay en nuestro interior, aquello
que nos hace ser esta sobrenatural mota de polvo. Quizá el
mañana no pueda esperar a ser hoy.

En esta vida, nosotros, al igual que la dicha, somos fugaces
pero verdaderos, abstractos & exactos, fantasmas que
fulgen & refulgen.

VALE DE LA SOMBRA DE LA MUERTE
o
¡EXTRA! ¡EXTRA! ¡LEAN TODO LO SUCEDIDO!

Prometemos escribir la verdad.

Manteneos con nosotros hasta el final.

Así es como una palabra se convierte en un virus & el virus en un cuerpo & el cuerpo en otros cuerpos.

La gripe «española» no se originó en España. De hecho, el primer caso registrado fue en Estados Unidos; en Kansas, el 9 de marzo de 1918 (cuidémonos de marzo). Pero en España, como era neutral en la Primera Guerra Mundial, no se censuraron las noticias sobre la enfermedad.

Decir la verdad, por tanto, es arriesgarse a que lo recordado acabe siendo ficción. Son incontables los países que se responsabilizaron unos a otros. Lo que Estados Unidos llamó la «gripe española» se bautizó en España como la «gripe francesa» o el «soldado de Nápoles». Lo que los alemanes denominaban la «peste rusa» lo apodaron los rusos la «gripe china».

Se dice que la ignorancia es una bendición. Pero la ignorancia es esa enredadera que serpentea por un árbol, tronco arriba, hasta matarlo, no con veneno, sino al cegar el paso de la luz.

La Ley de Exclusión China de 1882 impidió que los trabajadores chinos emigraran a EE. UU. Fue la primera ley federal estadounidense que diferenció entre inmigración «legal» e «ilegal». Se firmó tras generaciones transmitiendo estereotipos sobre los inmigrantes chinos como portadores del cólera & la viruela.

Una vez más, las palabras importa(ro)n.

El primer paso para estigmatizar a un pueblo es deslegitimarlo, calificarlo como portador de espantos.

Algo se revuelve en nosotros cada vez que un nuevo amigo no nos dice su nombre de pila para evitar el embate de nuestra lengua.

La herencia no se transmite por el recuerdo directo, sino a través de la recreación indirecta. Los que nos sigan no recordarán esta época, pero esta época sin duda los perseguirá a ellos.

Prosigue.

La discordia es tan antigua que nos acaba convirtiendo en fósiles, una historia que ya no es del todo nuestra &, sin embargo, es nuestra, mas nunca comprendida.

En España, la palabra *vale* (se pronuncia como *ballet* en inglés) posee muchos significados: «okay», «entendido», «bien», «de acuerdo». El verbo *valer* significa «costar», «tener cierto valor o cualidades», al igual que el término inglés *value*. No obstante, en España *vale* posee asimismo otra acepción diferente.

Aunque fue denominada «cólera asiática», la enfermedad se desarrolló en Europa. La viruela no la llevaron a América los asiáticos, sino los invasores europeos, & ocasionó la muerte de millones de nativos.

A veces debemos sacar a rastras a nuestros monstruos de debajo de la cama para ver que él / ella / elle tiene nuestra propia faz.

———————————————

Algunos odiarán nuestras palabras porque brotan de un rostro como el nuestro.

Cuando la epidemia de gripe de 1918 llegó a Chicago, John Dill Robertson, el responsable de Salud Pública de la ciudad, culpó a los afroamericanos que habían huido de la opresión de

Jim Crow desde el sur hacia las ciudades del norte. En esa misma ciudad abrazada por el lago donde nacerían nuestra abuela & nuestra madre, el 8 de julio de 1918 el *Chicago Daily Tribune* publicó el siguiente titular: «Medio millón de morenos del Dixie[*] pululan por el Norte en busca de una vida mejor».

No os marchéis. Os prometemos que todo esto viene a cuento, ¿okay?

¿Vale?

El periodista del *Tribune* Henry M. Hyde escribió que los Negros «se ven obligados a vivir hacinados en habitaciones oscuras e insalubres; están rodeados de constantes tentaciones en forma de bares abiertos día y noche y de antros peores».

---

[*] Nombre que se da a los estados del sur de Estados Unidos. *(N. de la T.)*

El opresor siempre dirá que el oprimido quiere su abarrotada jaula tal como es: acogedora & cómoda; el amo afirmará que las cadenas de la persona esclavizada eran asumibles, buenas, correctas, okay... Es decir, que no eran cadenas en absoluto.

Un insulto racial nos convierte en mamíferos, aunque menos libres.

En resumen, el insulto es un sonido que nos bestializa.

———————————

Lo que viene a continuación nunca sonará bien, asumible, correcto: en 1890, el cirujano jefe del Servicio Federal de Sanidad Walter Wyman describió la peste bubónica como una «enfermedad oriental, propia de comedores de arroz». Como si fuésemos lo que comemos & no asimismo nuestros engaños o lo que tuiteamos.

Él había caído.

Lo que queremos decir es que él había caído

en el error más absoluto.

Solo podemos comprender plenamente el lenguaje por todo aquello que no le sobrevive.

En este sentido, la ignorancia es un sonido que nos golpea —azul, negro, amarillo, rojo, un arcoíris miserable—. En español, el artículo definido se utiliza con mucha más frecuencia que en inglés. No se dice *blue*, sino *the blue*, «el azul». *The black*, «el negro». No se dice *history*, sino *the history*, «la historia». Como si hubiera muchos pasados & tuviésemos que aclarar a cuál de ellos perdonamos, si es que hay alguno.

Nuestro país, al que no damos la espalda por ser poco admirable; al que debemos aceptar portándonos bien.

La bondad es la forma en que convertimos nuestras palabras en algo nuevo: una especie de gracia. En español, la palabra para *value* es la misma que para *bravery*: *valor*. Pero el valor debe costarnos algún sacrificio; de lo contrario, no vale nada.

Quién más pagará & con qué fin. Cuando comprendamos esto, diremos: Vale.

Ese gesto habla por sí mismo, como si dijera: sabemos el significado que tiene alzar la cabeza de entre las manos, salir de esta sombra que llamamos noche.

Caminar por las negras profundidades fue el precio que pagamos para estar tranquilos.

Este sentimiento bien pudiera ser dolor, poesía o ambos. Pero, al menos, no es mentira.

En la ignorancia no hay dicha. En la ignorancia hay tinieblas: nos impedimos a nosotros mismos ver el cielo.

Juramos escribir la verdad, como declaramos al finalizar una carta. Adiós a todo lo que nos hace no ver o no ser vistos. Bestias valientes, erguidas, escapamos de la curva de ese longevo azul. Su promesa es la única verdad elocuente con la que contamos. El cielo es colosal, innegable & aun así comprensible. Quizá el precio por esta luz sea inasequible. Juntemos todo calor posible, no importa su valor.

VOLVER AL PASADO

Cuántas veces también las bendiciones nos harán sangrar.

Algunos perdieron sus vidas
& perdimos de vista a otros

a los que ahora podríamos recuperar,
a unos & a otros los convocamos dulcemente.

Lo más parecido a un viaje en el tiempo
es apaciguar nuestros miedos,

destensar nuestras heridas,
a medida que nos acerquemos

a nuestros semejantes, a medida que regresemos
a lo que éramos

antes incluso de convertirnos
en algo o en alguien...

Hablo de cuando nacimos, sin odio
& sin límites, berreando,

dueños de todo lo que podíamos llegar a ser.
Viajar al pasado es recordar

cuando lo único que conocíamos era el amor.

EXPIACIÓN

BORRADURA

Varios de los textos siguientes son poemas del borrado
—es decir, son documentos con partes arrancadas—,
como algunos llamarán al año transcurrido, ese largo
año, ese año velado, ese año del desamor. La clave para un
borrado constructivo —& no destructivo— es crear una
ampliación en lugar de un extracto. No se trata de una
borradura, sino de una expansión en la que buscamos el
trasfondo, la corriente que subyace a la superficie líquida
de las palabras. Se trata de impedir que las palabras se
ahoguen. Así la pluma busca realzar, evocar, explorar,
exponer los cuerpos, la verdad, las voces que han existido
siempre, pero que han sido desterradas de la historia & de
la imaginación. En este caso, borramos para encontrar.

Las cartas

CONDOLENCIAS

Nuestro castigo fue comunicar
la muerte de Cecilia...

Imposible

La plaga que nos ha atacado
                    llegó de fuera
se extendió veloz

detuvo las actividades habituales
                    con un entusiasmo devorador

Perdimos prácticamente todo lo imaginable

El enfermo no era nunca alguien

era cualquiera

                    La enfermedad

no escatimó en gastos ni en tiempo ni en daños.
Pudo haber acabado con todos nosotros

Esta enfermedad que azota al mundo
fue peor aquí que en otros lugares

       no por causas comprensibles

Ahora que la epidemia se ha reactivado
también nuestra tarea

          Somos un cuerpo en el que confiar*

---

* .Carta de condolencia del director de la Agencia India para los Yakama. Washington,
29 de octubre de 1918. Oficina de Asuntos Indios.

CARTA DE UNA ENFERMERA

Todo el mundo ha de morir
Considerémonos afortunados
Creednos
Estábamos allí & aun así decidimos quedarnos,
el hogar, una serie de cosas que somos incapaces de nombrar
¡Oh!
La primera persona que murió nos afectó, es cierto
El amanecer es algo horrible
& aun así

Todos los días
somos llamados & ahí esperamos
si la fortuna nos es favorable nos volveremos a encontrar.
Exprimamos la vida que se nos arrebata
hay tanto que contar
creemos no poder
llegar a superar
un año normal

que tal vez ahora recordamos.

Todos los colegios, iglesias, teatros, salas de baile, etcétera.

también están cerrados aquí.

Hay un proyecto de ley en el Senado.

Solo nos queda confiar.

¡Ja! ¡Ja!

Si no hemos muerto

escribamos

escribamos

scamos

hagamos

hagamos*

---

* A su amiga en la Universidad Haskell Indian Nations, en Kansas, 17 de octubre de 1918.
Oficina de Asuntos Indios.

(LOS NUESTROS)

Mostrad el debido respeto
a los negros.
Que la Madre muerte
no venga a por ellos.
Esa es nuestra opinión...
Se los entrega
en testamento, de palabra.
Todos los negros son considerados Deudas,
partes que nos corresponden.
Una especie de resfriado epidémico
se ha apoderado de los negocios &
establecimientos, dañando nuestra salud,
hemos sanado,
la herida hecha
por esta impostura,
Hume se ha curado.
Acompañadnos en todo lo bueno.*

---

* Carta de George Washington a Betty Washington Lewis, el 12 de octubre de 1789.
Archivos Nacionales.

SELMA EPP

Se encerraron.
Contagiaron a los suyos.
La gente tenía fe:
Dios, líbranos de la enfermedad.
Todos cada vez

más & más débiles.
Los más fuertes se ocupaban
del resto.
Protestar.
Daniel tenía dos años;
solo era un niño pequeño.
Su cuerpo se lo llevó.*

---

* Testimonio de Selma Epp, una niña de un barrio judío del norte de Filadelfia durante
la epidemia de gripe de 1918.

LA FAMILIA DONOHUE

A menudo las personas
        se desploman
Las personas   mueren
Las personas   no deberían haber muerto.
La mayoría, inmigrantes.
Llegaron a la Tierra Prometida.
Llegaron pletóricos de vida

&   fueron

destruidos.*

---

* Testimonio de Michael Donohue, cuya familia dirigía una funeraria cuando se produjo la epidemia de gripe de 1918.

LIBRO DE CONTABILIDAD
DE LA FAMILIA DONOHUE

Nuestra era puede indicar
quién era una persona,
dónde vivió, de qué murió.
Pero nos hemos vuelto descuidados
& estamos confusos, tachamos,
garabateamos en los márgenes…
Es casi imposible rastrear
la tragedia & las revueltas.
Nosotros no lo hicimos.
Enterramos a conocidos.
Enterramos a desconocidos.
A una niña.
Ocuparse de las personas
era lo más decente.
Teníamos una responsabilidad.
Garabateado al final,
la «chica»,
«Esta chica fue enterrada en la trinchera».
Esta chica era nuestra trinchera.
En qué otro lugar ponerla.[*]

---

[*] Donohue, sobre el libro de contabilidad de su familia.

PUTSCH DE D. C.

El
Capi-
tolio
pudo
sentir
la tensión
en el fulgor de
aquella terrible noche,
antes de que llegase lo
peor... Era evidente el temor de
Washington por estar avanzando
hacia algo que no sabíamos qué era.
Nos movíamos en silencio, sombría
&conscientemente. Habíamos experi-
mentado muchas emociones cuando
forjamos el país, pero ninguna como esta.
Resultaba casi imposible aceptar que hombres & mujeres

asaltaran, persiguieran, arrastraran, golpearan & mataran a la sombra de la cúpula del Capitolio, frente a la puerta principal de la Casa Blanca. Esperábamos encontrar a la gente en estado de pánico; estábamos aterrados & alarmados. Aunque algunos disparos encendieron la noche, decidimos defender & proteger nuestro país. Esa determinación tranquilizó. Sin embargo, se respiraba una tensión salvaje que hacía circular noticias terribles: fuesen lo que fuesen, la gente había resuelto actuar. La oscuridad tuvo algo que ver con los posteriores acontecimientos. La causa de los disturbios —estaba claro que ese era el plan— agitó las semillas de una revuelta racial por la elección de las víctimas. El Capitolio ignoró tanto las causas locales del conflicto como las nacionales. La violencia callejera ignorada durante esos años, la promesa que aquello engendraría. En ese tiempo, Washington se comportó como alguien atontado tras recibir un golpe; su discurso, acobardado de principio a fin. Los blancos volvieron a encabezar las agresiones. Sorpresa. Regresó la noche, desasosegante pero no vencida; cuánto peor habría sido un motín amparado por la ley. Correr, pero luchar por nuestras vidas. Sentir cómo el suceso cambiaba el país entero.[*]

[*] Del artículo «The Riots: An N.A.A.C.P. Investigations», escrito por James Weldon Johnson en la revista *The Crisis*, de la Asociación Nacional para el Progreso de las Personas de Color (NAACP), en 1919.

Los soldados (o Plummer)
- .... . / ... --- .-.. -.. .. .-. ...

Porque cantas muy bien el azar de los hombres aqueos,
[sus desdichas, hazañas y cuantos reveses tuvieron]
cual si lo hubieses visto tú mismo o por ellos sabido.

La Odisea (Canto VIII)[*]

Roy Underwood Plummer (1896-1966) nació en Washington D. C. & se alistó en el ejército en 1917. El cabo Plummer sirvió en Francia en la Compañía C del 506 Batallón de Ingenieros, que construyó carreteras, fortificaciones & llevó a cabo otros trabajos físicos esenciales para el ejército. En torno a 160.000 soldados afroamericanos sirvieron en las Tropas de Abastecimiento en Francia, permitiendo el aprovisionamiento primordial & el movimiento de las tropas blancas de combate.

Plummer mantuvo un diario durante la guerra. Su experiencia como oficinista se muestra en su precisa comprensión de la gramática (a menudo tacha o se corrige, como si

---

[*] Versión de Fernando Gutiérrez, Barcelona, Penguin Clásicos, 2021. *(N. de la T.)*.

fuese consciente de que alguien lo leerá en el futuro), una caligrafía impecable & una clara descripción de sus vivencias. El diario de Plummer, que se encuentra en el Museo Nacional de Historia y Cultura Afroamericanas, ha sido transcrito & digitalizado por el Centro de Transcripción Smithsonian.

Tras la guerra, Plummer regresó a Washington D. C. & ejerció la medicina en el Distrito de Columbia durante más de cuarenta años.[*]

---

[*] Las partes en prosa que siguen a continuación pertenecen a entradas de sus diarios, mientras que los versos son creación mía & con ellos imagino escritos nuevos. Al escribir con la voz del cabo Plummer he buscado reflejar su lenguaje conciso. El papel rayado utilizado como fondo del diario en las siguientes piezas corresponden a páginas en blanco del diario de Plummer que han sido escaneadas. Los haikus eran idóneos: muchas de las entradas de Plummer tienen de una a tres frases & el haiku consta de tres líneas, su patrón de cinco-siete-cinco sílabas exige un uso eficiente del lenguaje.

--Fecha: 26/1/18

Requerido por primera vez para hacer guardia.

Luna resplandeciente

¿Qué es poema?

El adiós a las armas

esa utopía.

--Fecha: 2/6/18

Existía esa disposición: "El paseo de

soldados blancos con mujeres de color o de

soldados de color con mujeres blancas está

estrictamente prohibido, dentro de los

límites de este campamento".

Pureza blanca.

Estirpe de mil látigos.

Sangre en la noche.

La epidemia de gripe española ha hecho

estragos. Tenemos a 4 hombres en el hospital

y dicen que 7 hombres han muerto durante

la noche.

Oímos toser

Después llegó el silencio

Tos detenida.

Fecha:

Dios, simetría.

Tosiendo hasta en la tumba.

Faltos de aliento.

El amanecer descorrió una cortina que

ocultaba entre sus pliegues un lugar que

realmente merecía los ~~nombres~~ términos:

"dejado de la mano de Dios".

En esta vida,

nada te es prometido.

Tierra tampoco.

Fecha:

Seguir aquí.

No nos matan tan mal

como allí, en casa.

Fricción entre razas. Aunque las tropas de
color no están armadas, según todas las
noticias se comportaron con valentía y arrojo
contra los marines. Parece que el problema
empezó en un café cuando un sargento marine
hizo un comentario que desagradó a los
"chicos" de color que se encontraban allí y
provocó que recibiera una severa paliza.

El sargento se lo comunicó a sus hombres e
instigó el enfrentamiento. Los marines, según
parece, comenzaron a golpear con saña a cada
soldado de color ~~a quien~~ que encontraban solo y
los chicos de color respondieron de la misma
manera. Un soldado de color de la Co. "A" 506
recibió una herida de bayoneta en la refriega
y murió en el hospital del campamento una
media hora después. Se informó que 2 o 3
soldados blancos habían muerto y se sabe que
hay otros 3 o 4 muchachos blancos en el
hospital con "las cabezas tocadas", en
palabras de Wilbur Halliburton. El altercado
causó un gran revuelo.

Crónica de participación en batalla

Somos motín,

fúlgida & negra tinta.

Sangre perfecta.

Si he de morir,

que la muerte me encuentre

tal como ~~soy~~ fui.

Aún más frío y extremadamente ventoso. Avancé

con los expedientes de multas por la mañana.

Muy ocupado estos días. De hecho, en los

últimos 5 o 6 meses. Muchos rumores sobre la

vuelta a casa desde que se firmó el armisticio.

Muerte por gripe...

Cómo no preguntarnos

si hemos ganado.   Fecha:

Crónica de participación en batalla

5/1/19

Me viene a la cabeza este pequeño poema
como si fuera una dura reprimenda:
"Da por perdido el día
en que el sol descendente
no atisbe en tus manos
ninguna acción valiosa".
Sin embargo, hoy no fue un día perdido
en ningún sentido.

Acción: sentir
las manos como armas.
Apuntad alto.

Mucho más frío. Epidemia. Dicen que la

"Gripe" ataca a la Co. "A". Muchos han sido

enviados al hospital.

Ingestas de vida.

Pechos gorgoteando,

van, se van, idos.

Fecha:

La muerte es cegadora:

extirpa los ojos dejando en su lugar

estrellas que no miran.

Día muy frío; de hecho, uno de los más fríos
que he vivido en Francia. La Co. "A", más
castigada por la epidemia, se halla en
cuarentena y un marine vigila los
barracones.

El sacrificio de Atlas.

Al fin, morir por algo.

Ay, veloz muerte.

Voy al edificio del Cuartel General a trabajar
por las tardes. Todo el personal está en
cuarentena.

Prolongado sueño.

Tercas cabezas recostadas hacia la
eternidad.

No es fugaz sueño la muerte.

Autógrafos de camaradas

23/1/19
....

Más de 60 hombres de la Compañía "A" están

en el hospital de campaña con la nueva

enfermedad. Frío. La Compañía "D" también

ha sido puesta en cuarentena.

Todo lo que quisimos se desvaneció.

Vivos, lo único que quisimos.

Todos no podemos sobrevivir.

24/1/19
....

Frío todavía y la epidemia sigue

propagándose, sobre todo en la Compañía "A".

Nuestra compañía utiliza mascarillas de

"gripe" como medida preventiva.

Este jardín ocre como de huesos,

ajados tallos enterrados en hilera.

El hombre es alimento en-tierra.

Direcciones de los amigos de siempre

26/1/19

Hasta el momento hay 116 hombres de la Co. "A"

ingresados en el hospital, 2 de los cuales, según

los informes, murieron a primera hora de la

mañana. Hay algo de nieve en la tierra, no mucha.

~~Co.~~ América.

Nuestro nombre, "aquello por lo que hemos muerto".

Dios sabe que es suficiente.

27/1/19

Tiempo más cálido. Nuestra compañía se halla

bajo cuarentena y solo está permitido salir

en acto de servicio. 3 o 4 hombres tienen

fiebre muy alta.

Recordar lo vivido

es batalla cruenta.

La memoria es el caos.

Ha vuelto el personal del cuartel general. Me

han relevado del servicio en su edificio.

Si la escuchas,

la memoria es mensaje.

Nuestro cuerpo a la deriva, la botella.

Ups, me equivoqué de año.

Todo un año equivocado.

El tiempo nos arrastra. Fecha:

Las mascarillas de la "gripe" se han eliminado.

Las medidas para la cuarentena que afectan

a esta compañía no son muy estrictas.

El armisticio ha llegado,

la batalla no ha concluido:

los disturbios raciales llenarán de humo

    nuestras calles.

Nuestro premio por ganar.

No es gratuito lo correcto.

Volveremos a la lucha   Fecha:

si es que volvemos.

Esta bandera nos llama, somos los últimos.

....Fecha: 5/6/19

Licenciado con honores. / Compro billete

para Washington, D. C., llego / a primera

hora de la / mañana del día 6.

....Fecha: 6/6/19

Algunos decidieron partir,

nosotros decidimos vivir

respirando esta piel marcada por la guerra.

La vida nos deja sin aliento.

Los barcos nos llevan a EE. UU.

Nuestras muñecas siguen encadenadas.

Soltamos las armas, mas no el sufrimiento.

Conseguir que valga la pena luchar por nuestro hogar.

GUERRA: ¿CÓMO? ¿ES BUENA?

.-- .- .-. / .-- .... .- - / .. ... / .. - / --. --- --- -..

¿Cuánto papel higiénico
y gel hidroalcohólico
nos consintieron?
En la batalla, todo,
incluso la esperanza, escasea & se raciona,
hace del compañero adversario
y convierte en monstruo al hombre.
Esta mascarilla es nuestra medalla de honor,
en ella está escrita nuestra guerra.

* * *

La gripe de 1918 mató a 50 millones de personas
(aunque algunos investigadores sugieren que pudieron ser
100 millones), muchos más de los que cayeron en la Primera
Guerra Mundial. El número de muertos por la gripe está
intrínsecamente ligado a la guerra. El movimiento de un
gran número de tropas a través de los continentes contribuyó
a la propagación del virus; mientras tanto, millones de no
combatientes fueron arrancados de sus hogares. La gripe fue
especialmente devastadora para las comunidades indígenas,
que habían sobrevivido a duras penas a las campañas de

limpieza étnica. No importa lo que nos digan, no existe
violencia pequeña.

* * *

La guerra, como una ballena, es insaciable:
todo entra en la gran red que es su boca.
Al igual que una ballena, un virus puede
devorar el planeta entero.
La bala es una fiera, también nosotros.
Las batallas invisibles que libramos
son las más difíciles de ganar.

* * *

El primer paso en guerras & pandemias es el mismo:
aislamiento, romper los canales de transmisión de virus/
violencia.

Los británicos fueron pioneros en el corte de cables
durante la Primera Guerra Mundial; utilizaron el barco
CS Alert para dragar los cables telegráficos submarinos
de Alemania. La censura en tiempos de guerra también
cercenó la comunicación & la información veraz; la Ley de
Sedición de Estados Unidos de 1918 prohibía la libertad
de expresión siempre que dañara la imagen del país o el
esfuerzo bélico. Por temor a una sanción, los periódicos
minimizaron la amenaza del virus & con frecuencia se

negaron a publicar las cartas de los médicos que
advertían a los ciudadanos que no se reunieran ni viajaran.
La censura & la desinformación contribuyeron a que la
gripe se propagara más rápido por el país & por todo el
mundo. Pólvora en la garganta. Las palabras son otra forma
de combate, pues nos convertimos en aquello que nos
negamos a decir.

* * *

Tras pelearnos
con quien amamos
preguntamos:
¿Ya está?
¿Hacemos las paces?
La Primera Guerra Mundial se llamó en su día «la Gran
Guerra»,
se consideraba «la guerra que acabaría con todas las
guerras».
Ja.
Lo que llamamos «grande»
a menudo es gravoso & grotesco,
pero lo que es bueno merece nuestras palabras.
Buena causa.
Buena lucha.
Buena voluntad.

Buena gente.

Ser bueno es ser más grande que la guerra.

Ser bueno es ser más que grande.

* * *

El cuerpo es un caminar constante,

un caos de carne & huesos.

A los muertos & los heridos en conflictos armados

se los denomina «víctimas»,

como si el daño fuese «por casualidad» o «por accidente».

El derramamiento de sangre en la guerra no es un error de

cálculo.

Tal vez sea la propia guerra lo fortuito,

el accidente, el indudable error,

nuestro pequeño, pesado & sangriento «¡ups!»

* * *

El segundo paso en guerras & pandemias es el mismo:

persistir, mantener las vías de conexión & comunicación

existentes.

Durante la Primera Guerra Mundial se fomentó la

escritura de cartas entre el personal de servicio & los

voluntarios destinados en el extranjero para elevar la

moral nacional. El Servicio Postal del ejército británico

entregó alrededor de dos mil millones de cartas durante

su participación en el conflicto. En Estados Unidos, las Órdenes Generales n.º 48 de 1917 establecían que los «soldados, marineros y marines destinados en países extranjeros tienen derecho a enviar cartas "gratis"»..., escribiendo en los sobres «En servicio activo»... Durante la guerra, el comandante en jefe de las AEF en Camp Crane, en Allentown, Pennsylvannia, informó que su oficina de correos tramitaba casi 70.000 envíos por semana. El hogar es una pluma. Escribidnos. Juramos que podemos ser buenos.

* * *

Escuchad con atención.
¿Estáis escuchando?
No existe guerra dulce
ni paz
que no pueda eliminarse de un plumazo.
Nuestro único enemigo
es el que nos enemista.

* * *

¿Correo postal?
Más bien correo narval.
Es lo único
con una boca lo bastante ancha para hablar
cuando no nos queda nada

por decir. Todo por contar,
que escribir nuestra propia historia
forma parte de los servicios esenciales.
Así es como vamos a la guerra.
& lo más importante:
así es como acabamos con ella.
Todavía ansiamos creer
que la paz es un lugar en la tierra.

* * *

En 2020, un siglo después del final de la Primera Guerra
Mundial, las tarjetas de condolencias se agotaron. La mayoría
de los usuarios del Servicio Postal de Estados Unidos coinciden
en que recibir cartas les levanta el ánimo, & durante la
pandemia, uno de cada seis envió más correos. Todo es escaso
en pandemias, excepto el duelo. Escribir, contarse la verdad unos
a otros es generar esperanza cuando más cuesta encontrarla.
Qué lugar ocupamos en nuestras historias salvo el presente.

* * *

Apertura:
agujero en el ojo
a través del cual la luz viaja.
La palabra *paz* comparte historia
con la palabra *pacto*. Es decir, la armonía
es el mañana que todos acordamos.

Vivimos más expuestos
al contagio que al combate.
Pero un virus, al igual que una guerra, nos separa
de nuestros semejantes.

       Mas, si estamos dispuestos, el corte
         puede ser apertura, el agujero
por el que llegar al otro.

Libramos una batalla interna contra el virus,
al tiempo que se libra la violencia entre nosotros.
En ambos casos el triunfo no está en conquistar al resto,
sino en vencer a los más destructivos agentes
e instintos que llevamos
en esta forma mortal.
El odio es un virus.
Un virus exige un cuerpo.
Esto es,
el odio solo sobrevive alojado en el cuerpo.
Si vamos a darle algo,
que sea nuestro dolor
& nunca nuestra piel.
Amar podría ser
nuestro combate en la vida.

El barco

LA FRATERNIDAD

B Well

El barco hermana. Bala: abstenerse de entrar en lugares
públicos. El servicio refuerza todos los derechos civiles, las
causas, las naciones, nuestra apariencia. Oh, impúdica orden
tantas veces emitida. La democracia antes de la guerra.

B Well*

---

* Abril de 1918, carta de Ida B. Wells-Barnett, presidenta de la Negro Fellowship League [Liga
de la Fraternidad Negra], al presidente de Estados Unidos, Woodrow Wilson. En la carta,
Wells protesta por el Boletín n.º 35 del general Ballou para la 92.ª División, Campamento
Funston, Kansas, que instaba a los oficiales & soldados de color a no entrar en aquellos lugares
públicos donde se les negara el acceso debido a su raza. Archivos Nacionales.

____ R I P ____ __
UN _____ BARCO

Imagen I

un barco del año pasado. El insensible

acto llevado a cabo en este barco es acorde

al barco & a la práctica del hombre la estiba máxima en un barco con hombres son

hombres solo sublevaciones más numerosas que los descansos. Hombres transpor-

tados 351 número de hombres indicados en el plan 190. Diferencia de 161.

Mujeres niños niñas se cargan los unos a los otros. Mañana muerta.

Altura entre cubiertas & plataforma 2 pies & 7 pulgadas de viaje

un lugar para tumbarse & respirar. Entumecidos compa-

ñeros acostumbrados en su país a la angustia.

Imagen III

Caer enfermo morir.
Privilegio de ser la
pequeña esperanza
de recuperación. El barco es
golpeado & zarandea a mujeres niños
& hombres encadenados siempre de dos en
dos; cada pareja asciende, estado soluto, al ser
mercancía se les hace saltar en sus cadenas y a
esto los amigos lo llaman baile. Transportar esta
carne humana parece más una ficción que la
representación real de un barco. Un ser
humano querrá que se describa la cicatriz.

Imagen VII

no sufren los seres que deseamos. El país &
el cautiverio abastecieron de sangre & lujo,
un matadero. En el poder de la imaginación
humana está concebirse a sí misma conducida,
restaurada. Es letal, como se ha comprobado,
arrastrarse bajo esta exhalación
infecciosa procedente del fondo marino.

Imagen V

En solo UN año pereció una proporción de hombres mayor que en el resto de años.

El tiempo convierte

el pasaje de personas

conducidas en aquel

momento en un pueblo

sentenciado. La humanidad

ha de ser universal &

así ha de ser llorada;

ese deber moral & religioso podría ser, sin exagerar, el más importante de la tierra.

Se dice que el mar es una tumba para los hombres. *

---

* *Descripción de un barco negrero*, Londres, impreso por James Phillips (para el Comité de Londres de la Sociedad para la Abolición de la Trata de Esclavos), 1789. Dos grabados. Esta quizá sea la representación más conocida de un barco de esclavos. Se reconocen de inmediato sus imágenes de africanos esclavizados & distribuidos como sardinas. La descripción impresa debajo, aunque igual de desgarradora, rara vez recibe la misma atención.

PALABRAS CO-SIDAS: LOS NOMBRES[*]

Mira esas vidas tocadas,

ya nadie te tocará, dijiste,

tus amigos estaban asustados & evitaban acercarse.

La palabra no está en mi vocabulario.

Miedo no aparece en nuestro vocabulario.

¿El destino está cosido al miedo?

Nunca lo sabremos.

Lo sabes, ¿no?

Incluso aquellos a quienes nunca conociste te recuerdan.

Haremos todo lo posible para

que nadie tenga que vivir sin amor

ni sepa lo que es ser rechazado

por enfermeras & amigos, empleados del hospital

que se negaban a entrar en tu habitación

& de hacerlo se cubrían con guantes de plástico

& batas.

Por favor, recoged los pedazos,
perdonadnos por dejarnos llevar.
Lo hicimos por dos razones:
por todos los que se perdieron
& por todos los que los perdieron.
Padres, abuelos, hermanas, hermanos,
hijos, hijas, sobrinos, amantes & amigos
tan bondadosos...
Podríamos cambiar las cosas
podríamos detener la epidemia
podríamos salvaros.
Al final, ni siquiera pudimos
decir los nombres encontrados por humanidad.

El *ahora* no puede poner el amor en pasado
amad por encima de todas las cosas... Amad mucho.
¡Si el amor pudiera sanar!
Laxo día sin conseguir respirar.
La vida sigue viva.
Nuestros recuerdos sois vosotros.
Recordad que ese amor
estaba muriendo.
Distorsión del cuerpo
dificultad para respirar.
La soledad es un dolor interminable.

Nos impidieron ver
llorar la pérdida
que intentamos olvidar.
Aún no podemos dejarlo ir
resistamos
recordemos con claridad
la mejor manera es con poemas
recordemos
estábamos empezando
bailando de verdad
un nuevo sentido
una nueva esperanza
hemos defendido esa esperanza junto al resto.

Estábamos aquí & no vimos la muerte.
¿Acaso veis
desde esta altura del mundo lo que nos espera?

---

* Este poema documental se ha realizado con las cartas de los donantes la Colcha Conmemorativa del Sida, cada una de cuyas piezas, cosidas a mano, rinde homenaje a los fallecidos por la enfermedad. Expuesta por primera vez en 1987, la colcha forma hoy parte del Monumento Nacional dedicado al sida. En 2021 abarcaba más de 111.000 metros cuadrados & incluía más de 48.000 piezas. Según ONUSIDA, entre 27,2 & 47,8 millones de personas han muerto por enfermedades relacionadas con el sida en todo el mundo desde el inicio de esa pandemia.

Los encuestados

INFORME SOBRE LA MIGRACIÓN DE LOS HADOS

Bienvenidos a Panpax, Migrantes.

Como bien sabéis, Panpax, nuestro idílico país, ha reabierto finalmente sus puertas a los extranjeros. Por nuestra parte, sabemos que vuestra nación, Pandem, es un mísero páramo de enfermedad & muerte, a cuyos ciudadanos se conoce como «hados» (contracción pandémica de «desdichados»). Hemos oído que en Pandem todas las formas de reunión están prohibidas, sus solitarios ciudadanos ni siquiera comparten la acera, aún menos el aire que respiran. La vida social & política es muy diferente en Panpax & sabemos que, por esa razón, muchos de ustedes, hados, han desembarcado aquí en busca de refugio & protección, de un horizonte posible, & lo tendrán. Los comisionados de la ciudad de Panpax han realizado una serie de entrevistas para documentar la experiencia única de transición de los refugiados de Pandem que viven ahora en Panpax. Esperamos que estas respuestas sintetizadas los ayuden a aclimatarse a nuestra próspera nación. Por cuestiones de privacidad, los nombres de los hados entrevistados han sido sustituidos por sus respectivos números.

Atentamente,

Pacto Presidencial de Panpax

ENCUESTA

Los Migrantes han sido entrevistados en sus casas. Nuestro objetivo era averiguar por qué vinieron a Panpax & qué logros creen haber alcanzado.

Se reproducen algunas de las respuestas a las preguntas formuladas:

Pregunta: ¿Qué hace ahora en Panpax?
Respuestas:
    1. Mirar.

Pregunta: ¿Cómo se siente?
Respuestas:
    2. Cansado.
    19. Cansado.

Pregunta: ¿Qué quería en Pandem?
Respuestas:
    10. Un cambio.
    20. Marcharme.

Pregunta: No. ¿Qué era lo que prefería de Pandem?
Respuestas:
    5. A la gente.

Pregunta: ¿Siente mayor libertad & independencia ahora en Panpax? ¿En qué sentido? ¿Qué puede hacer ahora que no podía hacer antes?

Respuestas:

1. Sí.
2. Sí.
3. Ir a lugares de ocio & vivir.
5. Sí. Ir a donde me apetece; no tener que estar alerta ni bajar de la acera.
6. Sí. Simplemente siento una sensación de camaradería.
8. Sí. Puedo ir adonde quiera. En Pandem estaba encerrado & sin trato con nadie.
9. Sí. El privilegio de mezclarme con los demás; puedo ir a los parques & a los sitios adonde va la gente.
11. Sí. Si ibas a una heladería a por algo, tenías que salir para comértelo. Tenías que bajar de la acera para dejar paso a la gente.
12. Sí. Me siento libre; no tengo miedo.
16. Sí. Me siento un ser humano. En cierta manera, en Pandem me sentía esclavizado. No tengo que ceder la acera a la gente, como en Pandem.
17. No hay restricciones para los espectáculos, los colegios, etcétera.
20. En Pandem no era nadie: no se permitía ninguna libertad a la gente en Pandem.

Pregunta: ¿Cuáles fueron sus primeras impresiones cuando Panpax se abrió & usted llegó?

Respuestas:

    1. La sensación de poder hacer cosas.

    3. Una enorme vitalidad, durante un mes fui a ver los lugares de interés todas las noches.

    4. Pensé que era un lugar increíble, pero descubrí que no lo era. Me siento en un hoyo. Ojalá estuviera de nuevo en casa.

    5. Cuando salí a la calle & vi a gente agolpada codo con codo, contuve el aliento, temía que en cualquier momento reaccionarían, pero vi que nadie prestaba atención & entonces pensé que este era el lugar perfecto para vivir. No, es más, no trabajaré para nadie que no sea yo mismo.

    6. Me sentí completamente perdido, un amigo iba a reunirse conmigo pero no apareció & tuve miedo   adónde ir tanto ruido   corrí sin descanso.

    8. Siempre me gustó Panpax, hasta el nombre me gustaba antes de venir.

    13. Pensé que era un buen lugar para vivir.

    15. No me gustó; me sentí solo hasta que salí a la calle. Ahí me atrajeron todos los sitios donde no hay restricciones.

    16. Ahora me gusta todavía más.

    17. Creo que acabará gustándome.

Pregunta: ¿En qué aspectos la vida es más dura o más fácil en Pandem que en Panpax?

Respuestas:

    4. Es más fácil, tiene más sentido para uno.

    7. Gano dinero, pero me lo gasto todo para poder vivir.

    8. Me parece más fácil porque no me queda más remedio.

10. El esfuerzo no es tan grande.

11. Es más dura aquí que en Pandem.

13. Más trabajo, el trabajo es más duro. Las necesidades de la vida.

14. Menos horas de trabajo.

15. Prefiero estar aquí que en Pandem. Aquí trabajo menos horas.

17. Es más fácil vivir en Panpax.

20. Toda la familia piensa que la vida es mucho más fácil en Panpax que en cualquier otra parte.

Pregunta: ¿Qué le gusta de Panpax?

Respuestas:

1. La libertad... Pero no siempre es segura.

4. La libertad permitida en todos los sentidos.

7. El trabajo, puedo trabajar en cualquier sitio.

8. Los colegios para los niños.

9. La oportunidad de vivir que tiene la gente.

10. El carácter amistoso de la gente, la salud es mejor.

13. El derecho a vivir.

14. La posibilidad de vivir en paz, no estar oprimido.

18. La gente vive & va a más sitios que allí de donde venimos.

19. Las fábricas & las instalaciones educativas.

20. Aún no he encontrado nada que me guste más que lo de antes.

Pregunta: ¿Qué dificultades cree que encuentra una persona de Pandem al llegar a Panpax?

Respuestas:

3. Aprender a vivir; no permitir que la vida pase de largo.

4. La proximidad.

5. Las multitudes.

6. Acostumbrarse a la gente.

7. Acostumbrarse a las costumbres de la gente.

8. No conozco a nadie de Pandem que se haya encontrado con algún obstáculo al llegar a Panpax.

10. Personas que probablemente me encontraría.

12. Adaptación al trabajo.

13. Cambios en el clima.

14. Cambio de clima, demasiada gente, falta de espacio.

16. No saber adónde van a parar.

18. Si conocen el peligro de meterse entre la gente.

Pregunta: ¿En qué se diferencia su tiempo libre en Panpax de su tiempo libre en Pandem?

Respuestas:

1. Ir a comprar ropa. Aquí puedes probarte las cosas; puedes hacerlo en las tiendas.

2. Puedes entrar en casi todos los sitios.

3. Vivo más, siento más.

4. Sí. Mi mujer puede probarse un sombrero & si no le gusta no tiene que quedárselo; puedo ir a cualquier sitio que me apetezca.

5. No me da miedo subirme en un coche & sentarme donde quiera.

6. Aquí hay muchos sitios a los que ir mientras que en Pandem trabajas, trabajas, trabajas & ahorras & no tienes ningún lugar donde gastar el dinero.

7. No salgo mucho, pero me gusta saber que puedo ir a cualquier lugar donde & cuando me apetezca.

9. En Pandem no iba a los pocos sitios adonde se nos permitía ir. Aquí, los hados pueden tener deseos.

11. Tengo más comodidades en la casa de las que habría podido tener en Pandem.

17. Sí, más sitios adonde ir, parques & zonas de juego para niños.

19. Sin comentarios.

Pregunta: ¿Aconseja a sus amigos que es mejor que vengan a vivir a Panpax?

Respuestas:

1. Sí. La gente no se cree lo que escribimos, yo mismo no lo creía hasta que llegué aquí.

2. No. No les voy a animar a que vengan porque no sé si se adaptarían.

6. Sí. Tengo dos hermanas. Estoy intentando convencerlas para que vengan. No llegan a comprender por qué me quedo, pero si vienen lo entenderán.

7. La gente no se da cuenta de lo horrible que son las cosas allí de donde venimos; aquí las personas no tienen miedo de respirar.

8. Quiero que vengan una amiga y su marido; también la familia que quiere ver cómo está ella antes de irse de vacaciones. El hijo más pequeño ruega a su madre que no piense en regresar.

Se encontraron a pocos migrantes que vinieran por iniciativa propia. Muy pocos expresaron el deseo de regresar.

Las respuestas utilizadas en el poema anterior han sido tomadas del informe *The Negro in Chicago*, de 1922. El documento es un exhaustivo estudio sociológico dirigido por la Comisión de Relaciones Raciales de Chicago para comprender las causas & los efectos de las devastadoras revueltas raciales que tuvieron lugar en Chicago en 1919, uno de los muchos puntos de inflexión de la violencia durante lo que fue bautizado como Verano Rojo. El conflicto en Chicago ocasionó la muerte de veintitrés afroamericanos & quince blancos, más de quinientos heridos & dejó sin hogar al menos a un millar de personas. Como parte de su estudio posterior, la Comisión de Chicago entrevistó a afroamericanos que habían abandonado el Sur de Jim Crow para instalarse en Chicago. El poema anterior, de «ENCUESTA» en adelante, readapta el texto del informe. Utiliza fragmentos de las respuestas de los migrantes, extrae & elimina partes para crear un poema inédito. Los términos *Norte* o *Chicago* del informe han sido reemplazados por *Panpax. Casa* o *Sur* han sido sustituidos por la palabra *Pandem*. Se emplea *Hados* en lugar de *Negros*. El número que se asigna a los entrevistados coincide con el número de la respuesta en el documento original. Algunas preguntas se han conservado casi en su totalidad (por ejemplo: «¿Siente mayor libertad e independencia en Chicago? ¿En qué sentido?» se convierte en: «¿Siente mayor libertad e independencia ahora en Panpax? ¿En qué sentido?»).

Panpax es el resultado de la unión de *pan*, prefijo griego que significa «todo», & *pax*, término latino para «paz».

Este poema & el dolor que contiene son, al mismo tiempo, imaginarios & tan reales como nosotros mismos. A través de algunas ficciones encontramos hechos; en algunas fantasías nos descubrimos a nosotros & algo más. Aun sin haberlo vivido, un recuerdo puede perdurar en nuestro interior. El pasado nunca desaparece, tan solo permanece a la espera de ser hallado.

El dolor, como el cristal, puede ser tanto un espejo como una ventana; nos permite ver dentro & fuera, el entonces & el ahora & el cómo. En otras palabras, nos convertimos en una ventana de dolor. Solo en algún lugar de la pérdida encontramos la gracia para alzar la vista & mirar más allá de nosotros.

SEG_ _ _ ADOS

Ja, tan inmenso es nuestro sufrimiento
que probablemente creímos
que ese poema hablaba de nosotros
& no de otros. Ahora vemos
que estaba escrito para todos
los que hemos sido alienados.
El lugar donde nos encontramos es
el lugar de donde venimos.
Ser perseguido es ser cazado
por una historia que aún duele,
que necesita sanar tanto como nosotros.

& así, a través de la poesía,
hemos recordado lo que no era nuestro,
hemos reconocido en el pasado nuestro dolor.
Quizá sea nuestra única oportunidad de aprender.
* * *
Hemos vivido generaciones enteras en cuarentena
exiliados los unos de los otros,
la vida fuera de nuestro alcance.

Llamadnos
Colón-abusados
coloniatados,
colonizados,
clasificados,
clareados,
custodiados,
condenados,
conquistados,
capturados hasta la costa,
comprimidos,
confinados,
concentrados,
condicionados,
controlados.

No olvidéis que estar solo
es castigo de unos
& privilegio de otros.

Cedimos
las aceras durante siglos,

adiestrados en esa tradición
incluso sin haberla vivido:
agachar la cabeza
& dejar paso al orgullo ajeno.
Al ceder la acera
cedimos el mundo
a otro antiguo rito de paso blanco.

* * *

Siempre preguntamos sobre nuestros antepasados,
ser encuestado entonces significa haber sobrevivido.

Pregunta: ¿Por qué cruzó la gallina la carretera?
Respuesta: Porque se aproximaba una persona blanca.

* * *

Aquello que nos altera nos dice
qué somos los unos para los otros.
El año pasado entramos en un ascensor.
Pedimos amablemente a una mujer blanca
que estaba detrás de nosotros
si podía esperar el siguiente ascensor
para respetar la distancia social.
Su rostro se encendió como una cruz en la noche.
¿Me estáis tomando el pelo?, gritó,

como si acabáramos de decir:
Los ascensores son solo para nosotros
o *Ustedes deben entrar por la parte de atrás*
o *Prohibido el acceso a perros y a personas como ustedes*
o *Tenemos derecho a negarle*
la humanidad a cualquiera.
De repente nos dimos cuenta:

por qué altera tanto a los grupos privilegiados
cumplir las restricciones individuales & de espacio.
Hacerlo significa llevar por vez primera las cadenas
que su propio poder nos impuso al resto.

Significa renunciar a la única diferencia que los mantenía
separados & sintiéndose superiores.

Durante generaciones hemos permanecido en casa,
segregados, excluidos de los parques, de las zonas de juegos
infantiles, de las piscinas, de los espacios públicos & al aire
libre, excluidos del espacio exterior, de los cines, de los centros
comerciales, de los baños, de los restaurantes, excluidos de los
taxis, de los autobuses, de las playas, de las urnas, de las oficinas,

excluidos del ejército, de los hospitales, de los hoteles,
de los clubes, excluidos de los puestos de trabajo, de las
escuelas, de los deportes, excluidos de las calles, excluidos
del agua, excluidos de la tierra, excluidos de ser incluidos
excluidos excluidos excluidos excluidos excluidos de la vida.

A algunos se les pidió que experimentaran durante un año una
fracción / de nuestra exclusión & eso bastó para casi destruir
lo que creían ser. Sin embargo, aquí estamos nosotros. Todavía
caminando, todavía en pie.

Ser retenido en los márgenes de la existencia es la herencia del
oprimido.

No-ser, es decir, mantenerse a distancia de la sociedad
—distancia social—, es el patrimonio de los oprimidos.
Lo que significa que para el opresor la distancia social es
una humillación. Es sentirse menos libre o, aún peor, menos
blanco.

¿Qué posee la supremacista del ascensor sino un poder
decreciente,

desesperado & doliente, peligroso & pendulante cual pistola
que pende en la lengua?

En esencia, el supremacismo significa hacer todo lo necesario
para salvaguardar la soberbia,
aunque eso implique perder el alma.
Significa no llevar la mascarilla que le salvará, pues
eso sería renunciar a su propio privilegio.
Significa elegir siempre el veneno
     del orgullo
     por encima de la salvación,

        del orgullo
        por encima de la nación,

             del orgullo
             por encima de todo & de todos.

Este descubrimiento no es nuestro.
Es.
El arte, de facto,
es método & hallazgo,
la respuesta a toda indagación.
Aquello que se encuentra
y la forma en que es descubierto.

Cualquiera que haya vivido
es historiador & artefacto,
pues custodia en su interior el tiempo.
La reconciliación se halla en el registro que hacemos.

Si recordamos algo,
permitámonos recordar.
Habrá un horizonte
para nosotros
si seguimos
caminando.*

---

* Hoy día es siete veces menos probable que los conductores se detengan en un paso
de cebra ante un peatón afroamericano que ante un peatón blanco. (Véase Courtney
Coughenour *et al.*).

Ser peatón requiere de «procesos de colaboración que garanticen la confianza mutua
entre los usuarios del espacio público». (Véase Nicholas H. Wolfinger).

Ceder las aceras & por tanto el poder en los espacios públicos no es una cuestión
«negra» o «histórica», sino la base contemporánea de la interacción aceptada en los
espacios compartidos. En distintas investigaciones se ha comprobado que tanto
los peatones afroamericanos como los latinos tienden a ceder el paso a los blancos.
Las mujeres a menudo ceden el paso a los hombres & las mujeres de complexión oscura
ceden el paso a mujeres de piel más clara. (Véase Natassia Mattoon *et al.*).

DESPLAZAMIENTO

A.

Hemos avanzado mucho,

decimos,

pero aún queda un largo camino por recorrer.

En física nos enseñan que

desplazamiento & distancia son conceptos distintos.

El desplazamiento es el espacio entre

el punto de salida de un objeto & el punto de llegada.

A ———————————— B

Pero la distancia es la longitud total

del camino que recorre ese objeto:

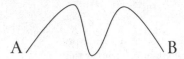

Cuán lejos empuja Sísifo esa roca

ladera arriba por aquel tenebroso montículo,

al igual que el recorrido de la roca al rodar de nuevo ladera abajo.

Así, la trayectoria de un poema

en nuestro cuerpo antes de abandonarnos,

convertidos en más de lo que éramos.

Por ello, ascenso & caída importan

aunados, no anulados,

expandidos, no extinguidos.

Solo así comprenderemos cómo

la distancia respecto a nuestra peor versión

es de siglos & sin embargo

nadie ha sido desplazado.

Sí.

Hemos ido más lejos de donde arribamos.

* * *

Hay algo punzante

& salvaje en nosotros, un reducto alambrado de codicia.

Pero también hay otro elemento

guiado por la gracia,

esa manera en la que nuestra sangre

es abrazada por las venas.

Según la leyenda,

dos lobos habitan en nuestro interior:

uno que ha de ser combatido

& otro que debe ser alimentado.

Uno que debe caer

& otro que jamás ha de ser derrotado.

B.

Aquel verano trágico

nos arrastramos como perros,

pero toda perturbación es cambio,

un empuje hacia el progreso.

Nuestro descontento mide

la distancia, el desagrado por lo que fue.

Jamás debemos volver atrás.

La historia está fracturada & es fractal.

Incluso cuando sucumbimos,

no acabamos de rendirnos.

Podremos caer.

Podremos levantarnos,

distantes, pero nunca desplazados,

viajando más lejos de lo que nos movimos.

Lo más importante

es reencontrarnos

los unos a los otros

en el espacio iluminado entre nosotros.

FURIA & FE

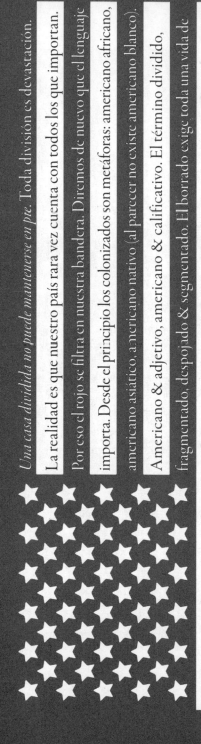

AMERICA®

Una casa dividida no puede mantenerse en pie. Toda división es devastación.

La realidad es que nuestro país rara vez cuenta con todos los que importan.

Por eso el rojo se filtra en nuestra bandera. Diremos de nuevo que el lenguaje importa. Desde el principio los colonizados son metáforas: americano africano, americano asiático, americano nativo (al parecer no existe americano blanco).

Americano & adjetivo, americano & calificativo. El término dividido, fragmentado, despojado & segmentado. El borrado exige toda una vida de ensayos. ¿Entendéis realmente lo que significa ser un cuerpo prescindible? Ahora reconocemos los sollozos como las banderas que representaban. La sacudida de nuestras cabezas, como si despertáramos de un sueño; o de una pesadilla. *Vosotros decidís. Esta no es la nación que construimos, ni siquiera es la nación que hemos conocido. Que conocemos.* No. Esta es la nación que hemos tejido. Tenemos derecho a llorar la herida que siempre hemos sido. De repente, una conmoción silenciosa: una mano que sujeta otra o un hombro donde recostar la cabeza valen mucho más que cualquier cosa que hayamos ganado o deseado. Cuando nos digan que no podemos cambiar nada, seguiremos haciendo ruido.

FURIA & FE

Os dirán que esto no es un problema,
que no es *vuestro* problema.
Os dirán que no es el momento,
que no es el tiempo del cambio.
Os dirán que no podemos ganar.

Pero la razón de la protesta no es ganar,
sino aferrarse a la promesa de libertad,
aun cuando una pronta victoria no sea parte de esa promesa.

No podemos desafiar a la policía
si no dejamos de vigilar nuestra imaginación,
ni de decir a los nuestros que esto no funcionará
cuando la función ni siquiera ha comenzado,
que esto puede esperar
cuando ya hemos esperado mil soles.
Ahora comprendemos
que la supremacía blanca
& la desesperación que conlleva
son tan destructivas como cualquier enfermedad.

Así que cuando os digan que vuestra rabia es reaccionaria,
recordad que también es nuestro derecho.
La rabia nos enseña que este es el momento
de luchar ante la injusticia.
La ira es innata; aún más, es necesaria:
ella nos empuja hacia nuestro destino.

Nuestro fin es la reparación, no la represalia.
La dignidad, no el dominio.
La libertad, no el miedo.
La justicia, solo eso.

Que venzamos no depende
de los desafíos existentes,
sino de la realidad del cambio posible.

& aunque somos imparables,
si alguna vez tememos fracasar,
si nos sentimos fatigados & frágiles,
cuando nuestro fuego ya no alimente la furia,
siempre nos fortalecerá la fe
presente en el himno, en la promesa:

Black Lives Matter.
Las Vidas Negras Importan,
sin importar lo que pase.
Nuestras vidas merecen ser vividas,
merecen ser defendidas,
merecen ser peleadas.
Luchar es nuestro deber hacia los caídos.
No postrarnos
cuando el día nos invita a alzarnos,
nos lo debemos.

Juntos soñamos una tierra liberada, no sin ley.
Creamos un futuro libre, mas no intachable.
Magnánimos & humildes
subiremos montañas
sin descanso, una & otra vez.
Una fuerza honorable & sincera
nos protegerá, nos cuidará.
Esto es más que una protesta.
        Esto es una promesa.

ROSAS

La revuelta es roja.
La violencia, azul.
Estamos hartos de morir.
¿Y tú?

LA VERDAD EN UNA NACIÓN

El inconfundible chaleco verde fluorescente,
su moto, que avanzaba tranquilamente segundos antes,
derrapó hasta parar se en   s   e   c   o

Igual que la mano del DJ sobre el disco
así el cazador deja su huella.
Marca el mundo & lo hace suyo.
Aunque no teníamos nada que ocultar
defendimos nuestra inocencia,
la exhibimos como en una mesa de bufé.
Está aquí. Deleita tus ojos con ella.
Mira.
Mira.
No, mira en serio.
Aunque insistimos
en que veníamos en son de paz,
él venía dispuesto para la guerra.
Así nos sucede a todos,
                    ¿siempre?

Parpadeamos, aturdidos,
una cierva ante la escopeta.
¿No reconoció
quiénes somos,
quiénes éramos?
Una chica que solo quería volver a casa
y vivir para contarlo.
En ese instante, deseamos con desesperación
bufar

      gritar

          sobrevivir.

Hemos luchado mucho para existir.
Nada
—y nada significa nada—
puede mantenemos a salvo.
¡Cuánto menos el silencio!
Hablemos con esta vida extraordinaria,
¿quién sabe si se nos concederá de nuevo
el aliento que tenemos?

* * *

El orgullo glacial de la nación nos matará,
nos ahogará en ese mismo lugar al que ahora damos sombra.
Eso también se llama Chauvin(ismo).

El dolor que patrulla repite un patrón,
practicado, atemperado, codificado, familiar & desconocido.
Anhelaríamos la paz
si supiéramos qué significa.

* * *

Nuestra guerra ha cambiado.
Aquel que dijo que no morimos
—en nuestros sueños, claro está—
nunca fue Negro.
Algunas veces el anochecer nos devora.

¡Cuántas veces en lo profundo
de la noche murmuramos nuestro nombre!
Una vez & otra vez & otra vez más
hasta que su significado se desvanece,
hasta que sus sílabas se convierten
en algo inerte.
Es una forma de ensayo.

Permanecemos quietos,
aunque solo sea para recordar
que existimos.
Inmersos en una pesadilla
resurgimos de nosotros mismos.
* * *
Unión de mártires obligados,
la muerte no es un ecualizador,
la muerte equivale a nada,
reduce una vida a cero.
Tal es la maquinaria de este país.

Como un automatismo,
así regresó la violencia
normal en su anormalidad,
completamente desatada.
Por eso permanecimos impávidos
al ver nuestros cuerpos
desgarrados,
perdido en nuestros hombros

el recuerdo del estremecimiento.

RIP.

Rasgadura Inmisericorde de la Pandemia.

Ruina de Inocentes Personas.

Ruptura Inenarrable de Pueblos.

Parezcamos vivos.

* * *

Formular una pregunta

significa levantar la mano

& prepararnos para el final.

Una respuesta es un ataque,

puede dejarnos sin aliento.

¿Podemos decirle algo?, preguntamos.

¡Disparad!, restalla la respuesta.

Oh, cómo son asediados nuestros seres amados.

A pesar de nuestras oraciones,

cualquiera de nosotros puede ser su presa

       si no se gira

& huye.

La vida, hoy,

es un arte en extinción.

* * *

Nos trajeron aquí
& lo único que obtuvimos fue esta ridícula camiseta,
esta herida somnolienta, gratuita.
Saboread nuestra rabia intacta, cansada,
nada de lo que hemos presenciado
en esta vida nos sorprende.

La incredulidad es un lujo
nunca poseído,
una pausa que no existió jamás.
¿Cuántas veces hemos jadeado
de pavor? Un pavor que dura toda la noche.
La verdad es: una nación amenazada por las armas.

* * *

Esta república fue amamantada en la sombra.
País de armas & gérmenes & robos
de tierras & de vidas.
Oh, podemos ver
la sangre sobre la que nos erigimos
brillando bajo nosotros
como una estrella sangrienta.
Lo que podríamos haber sido de haberlo intentado.

Lo que podríamos llegar a ser si escucháramos.

* * *

Bandera de cicatrices & franjas.

Escuelas ateridas de miedo,

simulacros de muerte en la escuela.

La verdad es esta educación bajo los pupitres,

agazapada ante las balas.

Pronto llega el duro despertar

cuando

nos preguntamos dónde deberán vivir

nuestros hijos

& cómo.

      & si.

A quién más dejaremos morir.

* * *

Una vez más: la lengua importa.

Enseñamos a los niños:

sin América fracasa la democracia.

Pero la verdad es:

sin democracia América fracasa.

Creímos que nuestro país ardería.

Creímos que nuestro país aprendería.

América,
cómo cantar
nuestro nombre,
singular,
rubricado,
calcinado.

La ceniza es alcalina, algo primario.
Es evidente.
Quizá la purificación
más primaria que existe sea el fuego.
El tiempo dice: *Debéis cambiar para sobrevivir.*
Nosotros respondemos: *Por encima de nuestro cadáver.*
¿Cómo podemos llamar a un país que se destruye
tan solo porque puede destruirse?
¿Una nación que prefiere arder
a cambiar?
Nuestra única palabra para esto es
hogar.
❋ ❋ ❋
Los fantasmas asedian de múltiples formas.
Queremos creer que
podemos conservar lo que nos importa.

Queremos creer.

La verdad es que somos una nación amenazada por fantasmas.

La verdad es que somos una nación amenazada por un fraude.

Decidnos, sinceramente:

¿seremos alguna vez quienes decimos ser?

* * *

El mundo aún nos aterra.

Nos dicen que escribamos lo que conocemos.

Escribimos nuestro miedo.

Solo entonces, lo que amamos

minimiza nuestro temor.

Cada segundo, aquello que sentimos

por nuestra gente & nuestro planeta

tambalea nuestras rodillas,

una compasión que amenaza

en su inmensidad con destruirnos.

No hay amor por o en este mundo

que no sea, al tiempo, dichoso & excesivo,

incontenible.

* * *

Construimos este lugar,

sabiendo que podría guiarnos,

sabiendo que podría no durar,
sabiendo que podría perderse.

Hermanos,
os tomamos en la prosperidad & en la adversidad,
en el amor & en el cambio,
en la salud & en la enfermedad,
hasta que la respiración nos separe.
¿Cómo debemos nombraros?
¿Tierra & Lucha?
Nuestras manos no deben abandonar
aquello que empezaron.
* * *
Joven parece nuestro país,
& titubeante, pero también luchador,
como un león que aprende a mantenerse erguido.
Una nación, con sus errores.

Lo que no hemos hecho con delicadeza
hagámoslo al menos con decencia & determinación,
porque tenemos una promesa pendiente
que hicimos aquí, entre todos los lugares posibles.
* * *

Algunos días no creemos
en nada
salvo en creer.
Eso nos basta para seguir adelante.

Creemos que es posible transformar
sin refriegas ni recelos.
Somos testarudos, no ingenuos.
Estrategas, como un general que sabe
que quizá no gane esta batalla.
Somos optimistas, no porque tengamos esperanzas,
sino porque solo el optimismo
alimenta la esperanza.

* * *

El dolor depende del amor.
Lo que más apreciamos desaparecerá.
Pero lo que cambiamos,
lo que asumimos & elegimos,
puede perdurar.

Nos imaginamos a nosotros mismos
& lo que haremos los unos por los otros:
nuestros rostros húmedos & brillantes
como una herida abierta,

aturdidos por la llamarada
de nuestro nuevo ser.
La verdad es: un solo mundo, maravillado,
en carne viva por la revelación.
Que tal oración,
un pueblo,
una paz,
una promesa,
sea nuestra.
Que sea justa
& radiante
& real.

LIBACIONES

Inspirado en Layli Long Soldier

Hoy

mientras

escuchamos a   hablamos de

el pasado   el padecimiento   la pandemia

clamamos   proseguimos   seguimos   avanzamos

recordando   renombrando   resistiendo   reparando   enardeciendo

nuestro mundo   nuestro mundo   nuestro mundo   nuestro mundo

como refugios   como naves   como humanos

relajando   encendiendo

nuestras bocas

nuestro

hogar

RESOLUCIÓN

EL MILAGRO DE LA MAÑANA

Creímos despertar en un mundo de desconsuelo.
Cúmulos de abigarradas nubes, una sociedad oscurecida.
Pero hay algo diferente en esta áurea mañana.
Algo mágico flota en la luz del sol, inmensa & cálida.

Un padre con un cochecito hace footing.
Al otro lado de la calle, una niña de chispeantes ojos persigue a su perro.
Una abuela en el porche acaricia las cuentas de un rosario.
Está sonriendo a una joven vecina que le lleva la compra.

Aunque nos sintamos minúsculos, divididos & solos,
nunca hemos estado más unidos.
La pregunta no es *si* podremos capear lo desconocido,
sino *cómo* lo capearemos juntos.

En esta trascendental mañana, lloramos & sanamos.
Al igual que la luz, nada podrá quebrarnos, aunque la pena nos doble.

Juntos derrotaremos la desesperación & la enfermedad.
Nos unimos a los héroes de la sanidad & a todos los empleados,

a las familias, las bibliotecas, los camareros, las escuelas, los artistas,
las empresas, los restaurantes & los hospitales más afectados.

No ardemos con la luz, sino con su ausencia,
en la pérdida es donde aprendemos a amar.
En el caos descubrimos claridad.
En el sufrimiento, solidaridad.

Es nuestro dolor el que nos brinda la gratitud,
nos enseña cómo hallar la esperanza, en caso de perderla.
Así que sabed que este sufrimiento no fue en vano:
no ignoréis el dolor. Dadle espacio. Utilizadlo.

Leed libros infantiles, bailad solos al ritmo de la música del DJ.
La distancia fortalecerá el amor de nuestros corazones.
De estas olas de aflicción, el mundo emergerá más fuerte.

Solo así sabremos cómo las dificultades que afronta la
        humanidad
son precisamente las que nos hacen más humanos;
dejemos que el mañana nos despierte con valor & más unidos;
atentos a la luz antes de que la lucha concluya.
& cuando termine, sonreiremos dulcemente al comprender
que en tiempos de crisis, renacemos mejores personas.

AUGURIO
o LOS PÁJAROS

En la antigua Roma, los augures eran adivinos oficiales,
sus penetrantes ojos interpretaban
los presagios & el trazo de tinta
de los pájaros en el cielo.
Su trabajo no era profetizar el futuro,
sino determinar si los dioses, con sus nuevos nombres,
aprobaban una acción antes de su inicio.

La única forma de predecir
el futuro con acierto es arrostrarlo,
       es desafiarlo.
La fractura es el punto de partida.
La ruptura está hecha para recordar.
Es decir,
aquí es donde custodiamos el daño.
Abrimos nuestros sueños en el centro de la herida.
Nos consagramos en el corte.
Bajo una sutura de sol,

sentimos cómo nos agitamos,
lentamente, dulcemente,
como si fuese la primera vez.
Lo sucedido casi nos destroza.
Sí, en efecto.
Nos desgarra para renacer.

LA PRÁCTICA
HACE A LAS PERSONAS

La práctica de hacer planes,
Cuando esto acabe,
ese *No podemos esperar*,
el sonido real de nuestros nudillos
golpeando el futuro, sondeando
qué hay bajo su cubierta.
Pero el mañana nunca se revela,
más bien se da, se afina. Es labrado.
Recordad que el destino no se disputa.
Eso sí, se lucha por él. Una & otra vez.
* * *
Tal vez no exista una nueva sabiduría,
solo viejas aflicciones
con nuevas palabras para nombrarlas
& la voluntad de actuar.
Hemos visto la vida tambalearse, caerse & levantarse,
como un recién nacido que aprende a caminar.
El aire cargado & transformado.
Nosotros, cargados & transformados.

Necesaria fue una eternidad de opresión
para que la aguja atraviese nuestro brazo.
Por fin: un dolor que solicitamos.
Sí, basta para conmovernos
por lo que podríamos ser.

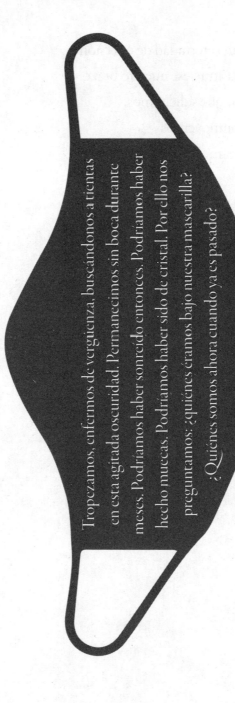

ANÓNIMO

Tropezamos, enfermos de vergüenza, buscándonos a tientas en esta agitada oscuridad. Permanecimos sin boca durante meses. Podríamos haber sonreído entonces. Podríamos haber hecho muecas. Podríamos haber sido de cristal. Por ello nos preguntamos: ¿quiénes éramos bajo nuestra mascarilla? ¿Quiénes somos ahora cuando ya es pasado?

194

ESCRIBIMOS

Nuestras manos se estiran hacia una
felicidad nebulosa, lejana,
así nos abrimos a lo bueno,
por frágil & breve que sea:
tocarnos,
encontrarnos,
humanizarnos
de nuevo; una diáspora de milagros
imprecisos nos aguardan.
Bendiciones maravillosas & perdidas
—abrazos, esperanza, corazón—
ansiadas por todos & menospreciadas por nadie.
¡Con qué urgencia precisamos que regrese
una flota de palabras!
* * *
De repente, un latido urge a nuestras gargantas:
No habrá más venganza
con la que jactarnos, no importa
cuán hirientes sean las cuchillas en nuestros dedos.

No hay cambio sin elecciones
ni elecciones sin fortaleza.
Aferraos a todo aquello que nos empuje a avanzar,
aunque sea evanescente como la espuma.
Seguimos esperando
sin más razón
que la razón compartida.

Al igual que la lógica, es la pérdida
lo que lloramos:
Que los que descansan nunca nos abandonen,
       que nos impulsen a levantarnos una & otra vez.
Hemos vivido.
& eso es más de lo que pedimos.
¡Aullemos hasta arder!

* * *

Escribimos
porque podríais escucharnos.
Escribimos porque
estamos perdidos
& solos,
& vosotros, al igual que nosotros,
estáis observando
& aprendiendo.

MONOMITO (o EL VIAJE DEL HÉROE)

> Una película no es lo que sucedió; una película
> es una impresión de lo que sucedió.
>
> DUSTIN LANCE BLACK

ESCENA 1: EL MUNDO CONOCIDO

La parte de la narración en la que vemos a nuestrx héroe tal como ve el mundo. Entendemos «normal» en el sentido de que así es como creemos que empieza una historia.

Diciembre de 2019: Se identifica una nueva enfermedad similar a la neumonía en Wuhan, China (& aunque aún no éramos conscientes de ello, un paciente que fue tratado en Francia a finales de diciembre tenía coronavirus).

18 de diciembre: Australia vive el día más caluroso del que existe registro, tras su primavera más seca.

ESCENA 2: LA LLAMADA

Nuestrx héroe es convocadx a una llamada que proviene de más allá del horizonte. *La seguirá*, se pregunta el público, mientras mastica sus palomitas. Solo vosotros tenéis la respuesta.

Enero de 2020: La apocalíptica temporada de incendios forestales en Australia acapara la atención internacional. A lo largo de la crisis, se calcula que ardieron 18,5 millones de hectáreas, se perdieron 33 vidas & se destruyeron 3.094 hogares. El Fondo Mundial para la Naturaleza estima que más de mil millones de animales murieron en enero.

La quema de la selva amazónica & la deforestación del globo terráqueo continúan. En 2020 se talarán unos 10.900 kilómetros cuadrados de bosque, el equivalente a más de dos millones de campos de fútbol americano.

30 de enero: La Organización Mundial de la Salud (OMS) declara una emergencia sanitaria internacional.

ESCENA 3: EL RECHAZO DE LA LLAMADA

Nuestrx héroe rechaza la llamada. Es indolente, está intimidadx, o ambas cosas. Aún no es la persona en que la historia reclama que se convierta.

7 de febrero: El doctor Li Wenliang, un médico chino que había intentado advertir al público sobre la COVID-19 en los primeros días, muere tras contraer el virus. A principios de enero, las autoridades le habían obligado a firmar una declaración en la que reconocía que sus preocupaciones eran infundadas. Utilizad los flashbacks como presagio & también como ironía dramática.

ESCENA 4: EL MENTOR

Aparece un profesor, sabio hasta el tuétano. Hará que nuestrx héroe aprenda lo que nunca supo, nunca cuestionó.

El doctor Anthony Stephen Fauci habla desde el centro del escenario.

ESCENA 5: ATRAVESAR EL UMBRAL

Nuestrx héroe entra en un nuevo ámbito, el bosque serpenteante, la peligrosa senda. No hay vuelta atrás, o bien nos daríamos la espalda a nosotros mismos.

Los idus de marzo: El crucero Grand Princess es retenido en alta mar. En Italia la gente canta desde los balcones. Aquí, la música ondea en una banda sonora, suave e imperecedera. El 11 de marzo, la OMS declara la COVID-19 una pandemia. El 13 de marzo, Breonna Taylor, veintiséis años, técnico sanitaria de emergencias en Louisville, Kentucky, muere a manos de la policía durante un asalto chapucero a su casa. Ella no era el objetivo de la redada, tampoco se encontraba allí el objetivo. Las armas de los agentes realizan treinta & dos disparos. Nos lleva tiempo averiguar el nombre de Taylor & aún más tiempo decirlo.

Cierre de fronteras, distancia social, confinamiento & cuarentena son los parámetros del terreno de juego. El 26 de marzo, el número de infectados en EE. UU. supera al de cualquier otro sitio, con una cifra desproporcionada de muertes de gente de color, de trabajadores & de prisioneros. Para el 2 de abril ya existen más de un millón de casos confirmados en 171 países. Casi 10 millones de norteamericanos pierden su empleo. Mostrad primeros planos de gente buscando rollos de papel higiénico, niños matando el tiempo en casa sin nada que hacer.

ESCENA 6: LA SENDA DE LAS PRUEBAS
Nuevos obstáculos surgen a cada paso, se curvan hacia fuera como la maleza. Debemos adaptarnos o fracasar.

En mayo, Japón & Alemania entran en recesión. Los casos aumentan en Latinoamérica, las muertes en EE. UU. sobrepasan las 100.000: sigue siendo el país con las cifras más altas. Estamos desesperados por aplanar la curva. Ay, cómo añoramos inclinarnos los unos hacia los otros.

ESCENA 7: LA DEDICACIÓN

La pérdida golpea, fuerte e irrevocable como un disparo. Debemos dedicarnos a nuestros muertos, seguir adelante ya que ellos no pueden.

25 de mayo: George Floyd, un hombre afroamericano de cuarenta y seis años, muere asesinado durante un arresto policial mientras un agente presiona la rodilla sobre su cuello, haciendo caso omiso de sus súplicas porque no puede respirar.

26 de mayo: Las protestas de Black Lives Matter arrancan en Minneapolis & se extienden por el mundo entero. En todos los sitios, gritamos. Continuamos gritando.

ESCENA 8: EL APRIETO

Una sorpresa, como mirar repentinamente hacia abajo & ver un cuchillo clavado en tus entrañas. A eso los narradores lo llaman un giro.

11 de junio: Los casos de coronavirus en África suman 200.000.

10 de julio: Estamos paralizados, somos cifras de cálculo. EE. UU. alcanza 68.000 nuevos casos en un día, rompiendo su récord diario por séptima vez en once días. Corte: gran toma de una bandera donde está prendida una medalla de oro oxidada.

13 de julio: Hasta el día de hoy, más de 5 millones de norteamericanos han perdido su seguro médico.

ESCENA 9: EL MOMENTO MÁS OSCURO

No hay ninguna duda al respecto: nos hemos fallado los unos a los otros de la peor manera posible. Todo parece perdido. Estamos atrapados en la trinchera, incluso reptar queda ya fuera de nuestro alcance.

22 de agosto: Las muertes mundiales por el virus sobrepasan las 800.000. Cuerpo tras cuerpo tras cuerpo tras

Septiembre de 2020: Fuegos descontrolados en California, Oregón & Washington dan lugar a la peor temporada de incendios registrada & provocan que los estados sufran un aire cuya calidad se encuentra entre las peores del planeta (en algunas áreas de Oregón, las sustancias nocivas en el aire superaron de hecho el Índice de Calidad del Aire). Los incendios arrasan más de 4 millones de hectáreas, destruyen más de 10.000 edificios & matan a casi 40 personas.

3 de septiembre: El virus se dispara en las universidades de EE. UU., alcanza más de 51.000 casos.

7 de septiembre: India, con más de 4 millones de infectados, se convierte en la nación con la segunda cifra más alta de casos.

28 de septiembre: Las muertes en el mundo alcanzan el millón; sin duda, el dato se queda muy corto.

11 de octubre: El mundo registra más de un millón de nuevos casos en tres días.

ESCENA 10: PODER INTERIOR

El héroe aprieta los puños. Algo se tensa en nuestro interior como un músculo, la memoria temblorosa nos recuerda quién & qué somos. Los crescendos musicales escapan de nuestros huesos. Nada de esto es normal. Tampoco nosotros.

7 de noviembre: Joe Biden gana las elecciones presidenciales de EE. UU.

2 de diciembre: Reino Unido autoriza el uso de emergencia de la vacuna Pfizer contra el coronavirus. Se convierte así en el primer país occidental en hacerlo e inicia la vacunación el 8 de diciembre.

6 de diciembre: La COVID-19 desplaza a las enfermedades coronarias como causa principal de muerte en EE. UU.

11 de diciembre: La FDA autoriza el uso de emergencia de las vacunas de Pfizer & el día 18 hará lo mismo con Moderna.

14 de diciembre: El número de muertes en EE. UU. supera las 300.000. Sandra Lindsay, una enfermera de cuidados intensivos en Nueva York, se convierte en la primera persona que recibe una vacuna contra la COVID en EE. UU., sin participar en un ensayo clínico. Lindsay cuenta lo importante que fue para ella, como mujer Negra, recibir la vacuna. Un gobernador afirma que esa es el arma que pondrá fin a la guerra. Como pronto comprobaremos, la guerra acababa de empezar.

ESCENA 11: LA BATALLA

Nuestrx héroe debe participar en una batalla entre fuerzas opuestas. Armadx con espadas, varitas mágicas & palabras, debe defender aquello en lo que cree.

6 de enero: Los partidarios de Trump asaltan el Capitolio & ocasionan la muerte de cinco personas. En algún lugar, una poeta escribe bajo la luz de la luna & de repente deja caer el bolígrafo.

7-8 de enero: Facebook e Instagram suspenden las cuentas de Trump (en junio se anuncia que la prohibición se mantendrá durante dos años & que finalizará en 2023). Twitter suspende de manera permanente a Donald Trump debido al riesgo de una mayor incitación a la violencia.

ESCENA 12: CLÍMAX

Parece que todo ha conducido a esto: un clímax, una ascensión hacia un punto lo suficientemente alto para que contemplemos el dolor, así como la llanura más allá del mismo.

20 de enero: Exteriores del edificio del Capitolio. Día. Joe Biden celebra su toma de posesión como el 46.º presidente de EE. UU., junto a Kamala Harris como vicepresidenta, la primera mujer que ostenta el cargo, así como la primera persona afroamericana & asiática americana en ocupar dicho puesto. Amanda Gorman, una flaca chica Negra descendiente de esclavos, se convierte en la poeta más joven en participar en una investidura en la historia de EE. UU. A las doce en punto del mediodía, las densas nubes grises ceden & se abren para el resto del día.

ESCENA 13: LA RESOLUCIÓN

Nuestrx héroe limpia su espada, cuenta a los muertos. Regresa a casa, allí donde todo empezó. Con la cabeza alta &, al mismo tiempo, inclinada, nunca olvidará lo que sucedió.

20 de enero, continuación: El presidente Biden anula el permiso para la construcción del oleoducto Keystone XL, que tenía previsto transportar 800.000 barriles de petróleo desde Alberta hasta la costa del golfo de Texas. Unas horas después de su investidura, el presidente Biden anuncia en una carta al secretario general de Naciones Unidas, Antonio Guterres, que EE. UU. seguirá siendo miembro de la OMS, dejando sin efecto la retirada prevista por la Administración anterior.

19 de febrero: EE. UU. se suma de nuevo al Acuerdo de París sobre el cambio climático.

27 de febrero: La FDA emite una autorización para el uso de emergencia de la vacuna contra la COVID-19 de Johnson & Johnson.

11 de marzo: Un año ha transcurrido desde que la OMS calificara la COVID-19 de pandemia.

12 de marzo: EE. UU. administra su vacuna número cien millones. Los casos caen.

13 de abril: El presidente Biden anuncia que retirará todas las tropas de EE. UU. de Afganistán el 11 de septiembre, en el vigésimo aniversario del 11-S, poniendo fin a la guerra más larga del país. En agosto, los talibanes se harán con el control de Kabul.

20 de abril: Condenan al asesino de George Floyd por dos cargos de asesinato & uno de homicidio involuntario. Desde todos los rincones del mundo lloramos.

A finales de julio se han administrado casi cuatro mil millones de vacunas en todo el mundo. Despegamos nuestras frentes de las rodillas, nos apartamos las manos de la cara como si fueran máscaras. Bajo ellas, nuestras sonrisas se desprenden como corazas después de la guerra.

En algún lugar, un lector lee esto.
¿Existe una resolución si está en curso & aún no ha sido escrita ni leída?
La parte de la narración en la que vemos a nuestrx héroe tal como ve el mundo.
Entendemos «normal» en el sentido de que así es como creemos que empieza una historia.
Inspiradora, esclarecedora, dentro de nosotros.
Siempre hay alguien que se pierde la música.

ESCENA 14: EL MUNDO INSÓLITO

Nuestrx héroe es diferente. Su universo es diferente. Hay algo nuevo en el borde del mundo, como un sol.

Pista para la secuela de la película, *LA VARIANTE DELTA*, de próxima aparición este año, así como la tercera entrega, *LAMBDA*. Fundido en negro.
La voz del narrador divaga, absorbe el silencio.
Entra la melodía del protagonista desde el inicio para un buen final de libro.

Al final del viaje, nuestrx héroe puede encontrarse en el mismo lugar en el que la historia empezó, pero ha sido irremediablemente cambiadx, alteradx, desplazadx.

No todos somos héroes, pero todos somos humanos. Esto no es un final, sino un inicio, una expansión, no un bostezo sino un grito, un poema cantado. Qué admitiremos de nosotros mismos de forma pública & en nuestro interior. No existe algo así como «se acabó» o «misión cumplida». Si se nos brinda alguna clausura, será la de un acercamiento entre nosotros. Qué limpias & necesarias parecen las luchas cuando se relatan. Cómo enviamos, una & otra vez, un arco limpiamente tallado. Nuestros relatos son la forma en que transcurre el mundo.

Naturalmente, esta línea temporal nunca estará completa. La muestra nunca es sencilla, es siempre insuficiente e invoca lo insufrible.
No existe manera de contar quién & qué contaban más para nosotros en aquella oscuridad.

Estas solo son algunas de las cosas que superamos.
Pero permitidnos que seamos más que su suma.

CODA EN CÓDIGO*

_ O _ _ PEN!

NOW _ PEN!

_ _ _ _ _ IT IS OVER

_ _ _ WA_T IS OVER

THANKS FOR _ ASKING!

FIN_ _ _ _

_ _ LAST

_ _ _ ALLY

_ _ COME BACK

WE _ COME BACK

WE_____ ____ __ ___ WILD

WE__ __RING

WAT__ _____ ____ ____ WE__
MEANT TO __ SEE_

WAT__ _____ ____ ____ WE__
MEANT TO BE ____

---

* Pista: Las letras de este rompecabezas proceden de anuncios publicitarios que vimos entre junio y julio de 2021. Las personas con trastornos del procesamiento auditivo, como la autora, tienen dificultades a menudo para procesar y recordar el orden de los sonidos & las palabras. Los anuncios íntegros de la antepenúltima y de la última frase eran:

Welcome back to the wild. «Bienvenidos a lo salvaje». (Anuncio de un zoo).

Watch movies like they were meant to be seen. «Vea las películas como fueron creadas para verse». (Anuncio de una sala de cine).

N. de la T.: La imposibilidad de encontrar anuncios en español que pudiesen recrear el juego que propone la autora nos ha hecho tomar la decisión de reproducir el poema en su versión original para no privar a la lectora y el lector de la propuesta de Amanda Gorman.

EL MUNDO INUSUAL

Lo peor ha pasado,
según a quién se pregunte.
Esta vez estamos solos,
no por mandato,
sino porque nuestro único deseo
es un segundo en soledad,
para detenernos & observar,
alejados pero no distantes,
como esa luna que orbita
alrededor de un planeta afín.

Ahora que lo mejor ha comenzado,
según a quién se pregunte,
ya no seremos gusanos
que se encogen ante lo que brilla.
Nuestro futuro es un mar
inundado de sol,
nuestras almas, solares & soldadescas.
Un fragmento así arde en nosotros.
¿Quiénes somos sino
lo que hacemos con la oscuridad?

ESSEX II

Mientras el mundo se desmoronaba
            nos unimos.
No hay salvación más allá de nosotros.
            Nuestros rostros son el espejo de esta hora,
una oleada de significados nuevos nos invade
            como si fuese una marea lunar.
Cargados con todo lo perdido
            nos dejamos llevar
por aquello que amamos.
            Allá, a lo lejos,
un sol tardío parece
            abrirse en nuestras manos.
Así, la distancia
            convierte lo insoportable
en algo llevadero. Ese acarrear
            muda en universal la memoria,
hace público el sufrimiento íntimo.
            Poco a poco, el dolor se convierte en don.
Cuando lo recibamos, cuando escuchemos nuestra pérdida,

cuando lo permitamos ser,
el dolor no se encogerá,
se aligerará,
dejándonos respirar.
La desesperación más honda conduce
a una alegría inusual.
A veces, buccar
en nuestra propia sima
es la única manera
de remontar.

RESUELTOS

El hambre de paz es
tan intensa que nos amarra.
Cierto es que la poesía
puede iluminar una época socavada,
un año apenas digerido.
A pesar de lo pasado
& sufrido & vivido
hay justicia en la alegría,
en la luz de las estrellas.
No removeremos piedras,
crearemos montañas.

ARBORESCENTE III, o ELPIS

Dejadnos reformularlo,
esta vez lo haremos bien
(¿acaso no están para eso los finales?):
no esperamos sin razón,
la esperanza es la razón misma.
No nos ocupamos de nuestros seres queridos
por un motivo concreto, singular,
sino por quiénes son en su totalidad.
Es decir,
amar explica el amor.
Como vosotros, estamos heridos & somos humanos.
Como nosotros, estáis heridos & estáis sanando.
Lo que consideramos verdadero
solo puede entenderse
por su repercusión en el cuerpo.
Al igual que los árboles,
nos curvamos & giramos,
en la dirección
de aquello que nos orienta al sol.

En verdad, si elegimos quemarnos
antes que encadenar este amor,
creceremos
desde la herida & hacia fuera de la herida.
La única palabra para esto es
cambio.

CIERRE

Volver a empezar
no es retroceder,
es decidir continuar.
Nuestra historia no es un círculo labrado,
sino una espiral que se crea / moldea / en el giro,
moviéndose hacia dentro y hacia fuera *ad infinitum*,
como un pulmón a orillas del habla.
Respirad con nosotros.
Desembarcamos cercanos & más allá
de quienes fuimos, de quienes somos.
Es un retorno & una partida.
Nos movemos en espiral, hacia arriba & hacia fuera,
como algo que crece
& va adquiriendo su forma al emerger de la tierra.
En un poema no existen los finales,
solo un lugar donde la página
brilla con fuerza & espera,
como una mano alzada,
detenida & dispuesta.

He aquí nuestro vínculo, más allá de las fronteras.

Quizá sea amor lo que sentimos

al respirar el mismo aire.

Lo único que poseemos es el tiempo, el ahora.

El tiempo nos arrastra.

Aquello que nos conmueve nos dice

qué somos los unos para los otros

& ¿qué somos los unos para los otros

sino todo?

LO QUE CARGAMOS

De niños nos sentábamos en la hierba,
hundíamos las manos en la tierra.
Sentíamos cómo el pardusco & húmedo
universo se enroscaba, alerta & vivo,
la tierra contenida en el casco hueco de nuestras manos.

El extenso mar de nuestros atónitos ojos.
Los niños lo saben:
hasta la suciedad es un regalo;
el barro, un milagro;
lo destartalado, extraordinario.

Arca: Barco con el que la familia de Noé & sus animales se
mantuvieron a salvo del diluvio. La palabra proviene del latín
arca, que significa «cofre», al igual que la palabra latina *arcere*,
«cerrar, defender o contener». *Arca* también se refiere al lugar
que alberga los rollos de la Torá en la sinagoga.

Así,
ponemos palabras en el arca.
Dónde hacerlo si no.
Seguimos hablando / escribiendo / esperando / viviendo / amando /
luchando.
Seguimos creyendo más allá del desastre.

También los finales terminan
en el confín de la tierra.
El tiempo se arquea sobre sí mismo.
No es inercia, es conjetura.
Los días caminan por pares sin poder evitarlo...
Pasado & presente, pareados & paralelos.
Es el futuro lo que salvamos
de nosotros mismos para nosotros.

Cada palabra importa
pues el lenguaje es un arca.
Sí,
el lenguaje es un oficio,
un orquestado artificio.
Un arte de navegación vital.
Sí,

el lenguaje es un bote salvavidas.

Hemos recordado cómo tocarnos
cómo confiar en lo que es bueno & adecuado.
Hemos aprendido nuestros verdaderos nombres...
No lo que nos llaman,
sino lo que estamos llamados
a cargar en adelante.
Qué cargamos sino
aquello & a aquellos que amamos.

Qué somos
sino el sacrificio por la luz dada.
La pérdida es el precio que pagamos al amar,
una deuda que bien merece cada impulso & cada ímpetu.
Lo sabemos porque hemos decidido
recordar.

La verdad es:
el mundo, una imperfección maravillosa.
He aquí la custodia
de esa luz magnífica.
La verdad es: hay alegría

en desprenderse de casi todo:
nuestra rabia, nuestra ruina,
nuestro orgullo, nuestro odio,
nuestros espectros, nuestras envidias,
nuestras garras, nuestras guerras,
en la orilla palpitante.
No hay lugar
para todo ello. Regocijaos,
lo que dejamos
atrás no nos liberará,
solo lo que permanece
en nosotros es necesario.
Nos bastamos
tan solo
con nuestras manos
abiertas pero no vacías,
como algo que florece.
Nos encaminamos hacia el mañana,
sin llevar nada
más que el propio mundo encima.

LA COLINA QUE ASCENDEMOS

Señor presidente y doctora Biden, señora vicepresidenta
y señor Emhoff, norteamericanos y mundo entero:

Cuando despunta el día, nos preguntamos:
¿dónde hallaremos luz
en esta sombra sin fin?
La pérdida que portamos, un océano por vadear.

Nos hemos enfrentado al vientre de la bestia.
Hemos aprendido que calma no siempre significa paz,
y que las normas e ideas de «lo justo»
                        no siempre son justas.

Y sin embargo, nuestro es el amanecer antes de lo esperado.
                        De alguna manera, lo conseguimos.
De alguna manera, hemos resistido,
testigos de una nación que no está rota, sí incompleta.

Somos herederos de un país y un tiempo
en los que una flaca chica Negra,

descendiente de esclavos y criada por una madre soltera,
puede soñar con convertirse en presidenta
y verse recitando ante un presidente.

Y sí, lejos aún queda lo completo, lejos lo puro,
mas eso no significa que nos esforcemos por lograr la
                    unión perfecta.
Nos esforzamos por forjar una unión con sentido:

crear una patria comprometida
con todos los colores, las culturas, los caracteres
y circunstancias del hombre.
Y así levantamos nuestra mirada
no hacia lo que se alza entre nosotros,
sino hacia lo que se alza ante nosotros.
Cerramos la brecha
porque sabemos que para emplazar
nuestro futuro antes que nada,
debemos aplazar, antes que nada, nuestras diferencias.

Deponemos nuestras armas
y tendemos nuestros brazos a los otros.
No buscamos el daño de nadie, sí la armonía entre todos.

Que sea el mundo el que proclame esta verdad:
pese a nuestra aflicción, maduramos;
pese a nuestro dolor, confiamos;
pese a nuestro cansancio, nos esforzamos.
Permaneceremos unidos para siempre, victoriosos,
no porque jamás conoceremos la derrota,
sino porque nunca más sembraremos la división.

Las Sagradas Escrituras nos anuncian:
«Cada cual se sentará bajo su parra y su higuera,
sin que nadie lo inquiete».
Si debemos vivir acordes con nuestro tiempo, la victoria habitará
no en el filo de la espada, sino sobre los puentes tendidos.
Ese es el remanso anhelado,
la colina que ascendemos si osamos:
pues ser americano es más que el orgullo heredado;
es el ayer que encaramos, y cómo lo enmendaremos.

Hemos sido testigos de una fuerza dispuesta a quebrar nuestra
    nación antes que a compartirla,
dispuesta a destruir nuestro país para demorar
    la democracia.
Casi triunfó su empeño,

pero la democracia podrá ser periódicamente demorada,
mas nunca eternamente vencida.

En esta verdad confiamos, en esta fe.
Y mientras nuestros ojos miran hacia el futuro,
los ojos de la Historia miran hacia nosotros.

Esta es la era de la justa redención.
Temblamos de temor en su inicio
inseguros de estar preparados
para heredar una hora tan terrible.
Pero en ella encontramos el poder
para escribir un nuevo capítulo,
para brindarnos esperanza y júbilo.

Y si antaño nos preguntábamos: ¿acaso podemos vencer la
    catástrofe?
Ahora declaramos: ¿acaso la catástrofe
    puede vencernos?

No retrocederemos a lo que era,
avanzaremos hacia lo que será:
un país maltrecho pero entero,

benevolente pero audaz,
libre, fiero.

No cambiarán nuestro rumbo
ni nos detendrán con intimidaciones,
pues sabemos que nuestra pasividad y nuestra inercia
serían la herencia de la generación venidera,
y nuestros errores, su lastre.
Pero poseemos una verdad:
si unimos la clemencia con la fuerza y la fuerza con la razón,
el amor será nuestro legado,
y el cambio, el patrimonio de nuestros hijos.

Así pues, dejemos tras nosotros un país mejor que el que
    heredamos.
Con cada aliento de nuestro golpeado pecho broncíneo
transformaremos este mundo herido en otro extraordinario.

¡Nos alzaremos desde las doradas colinas del Oeste!
¡Nos alzaremos desde el Noreste azotado por el viento, allí donde,
por vez primera, nuestros antepasados hicieron la revolución!
¡Nos alzaremos desde las ciudades bañadas por lagos de los estados
    del Medio Oeste!

¡Nos alzaremos desde el agostado Sur!
Reconstruiremos, reconciliaremos y recuperaremos,
en cada esquina conocida de nuestra nación,
en cada pliegue de nuestro país,
nuestro pueblo, diverso y responsable.
Emergeremos, lacerados y hermosos.

Cuando despunta el día, abandonamos la sombra,
flamígeros, sin miedo.
El nuevo amanecer, libre al fin, florece,
pues siempre hay luz,
si tenemos valor para ver la luz,
si tenemos arrojo para ser luz.

NOTAS

FUGA

El verso «La COVID trató de extinguirnos» (*tryna end things*) está
inspirado en la letra de la canción «Work» de Rihanna y Drake,
publicada en el álbum *Anti* en 2016. La letra dice: «Si vienes a buscarme /
perdona que sea mucho menos simpática».

«el nivel de confianza social»: Brooks, David, «America Is Having a
Moral Convulsion», *The Atlantic*, 5 de octubre de 2020,
<https://www.theatlantic.com/ideas/archive/2020/10/collapsing-
levels-trust-are-devastating-america/616581>.

«un estudio de 2021»: Aassve, Arnstein, *et al.*, «Epidemics and Trust:
The Case of the Spanish Flu», *Health Economics* 30, n.º 4, 2021,
pp. 840-857, <https://doi.org/10.1002/hec.4218>.

HERIDA

Los versos «Debemos cambiar / este final en todos los sentidos»
(*We must change / This ending in every way*) están inspirados en el verso
final del poema «Torso de Apolo arcaico», de Rainer Maria Rilke,
que reza: «Debes cambiar tu vida».

UN NAUFRAGIO EN CADA HOMBRE

El título original (*What a piece of wreck is man*) se inspira en el monólogo del
príncipe Hamlet, de la obra de teatro *Hamlet*, de William Shakespeare:
«¡Qué obra maestra es el hombre!» (*What a piece of work is a man!*).

ESSEX I

El verso «Nos convertimos en aquello de lo que huimos» (*we become what we hunt*) está inspirado en el siguiente pasaje de *En el corazón del mar*, de Nathaniel Philbrick: «La red de unidades familiares basadas en las hembras se parecía notablemente a la comunidad que los balleneros habían dejado en Nantucket. En ambas sociedades, los machos eran itinerantes. En su dedicación a matar cachalotes, los hombres de Nantucket habían creado un sistema de relaciones sociales que imitaba el de sus presas».[*]

OTRA (ODISEA) NÁUTICA

«Violáceo» (*wine-dark*) es un epíteto que Homero usa a menudo en la *Ilíada* y la *Odisea* para describir el mar: «el ponto violáceo».

FARO

Terencio, que había sido esclavo, se convirtió en un famoso autor de teatro hacia el 170 a. C. Uno de sus versos más conocidos es *Homo sum, humani nihil a me alienum puto*, que cabe traducir como: «Soy un hombre, nada humano me es ajeno». Maya Angelou mencionó esta cita en el programa de televisión *Oprah's Master Class*. El verso «Nada humano nos es ajeno» (*No human is a stranger to us*) remite a los pensamientos de Terencio.

HEFESTO

El verso «Esto no es una alegoría» (*This is not an allegory*) hace referencia a una cita de *La república* de Platón sobre cómo Zeus expulsó a Hefesto del paraíso: «En cuanto a los relatos acerca de cómo fue aherrojada Hera por su hijo o cómo, cuando se disponía Hefesto a defender a su madre de los golpes de su padre [Zeus], fue lanzado por este al espacio y todas cuantas

---

[*] Nathaniel Philbrick, *En el corazón del mar*, trad. de Jordi Deltrán Ferrer, Barcelona, Seix Barral, 2015. *(N. de la T.)*

teomaquias inventó Homero no es posible admitirlas en la ciudad tanto si tienen intención alegórica como si no la tienen. Porque el niño no es capaz de discernir dónde hay alegoría y dónde no».[*]

CORDAJE, o EXPIACIÓN

Para respetar la continuidad de la voz poética, he cambiado la preposición «y» por el carácter &; asimismo, en numerosas citas y documentos originales que utilicé para los poemas con la técnica del borrado, he sustituido algunos pronombres narrativos por la primera persona plural «nuestro/nosotros». He modificado asimismo la puntuación y las mayúsculas cuando lo he considerado oportuno.
Hensleigh Wedgwood, *A Dictionary of English Etymology*, vol. 1, Londres, Trübner & Co., 1859, p. 72.

LOS OJOS DE LATIERRA

El verso «cómo querríamos a nuestros padres enrojecidos» (*how we want our parents red*) se inspira en el verso «verde que te quiero verde» de Federico García Lorca, que el autor repite una y otra vez en el poema «Romance sonámbulo».

PAN

La mención a «los muertos», en referencia a lo que se almacena en un *pithos*, surgió de mi lectura de Vavouranakis, Giorgos, «Funerary Pithoi in Bronze Age Crete: Their Introduction and Significance at the Threshold of Minoan Palatial Society», *American Journal of Archaeology* 118, n.º 2, 2014, pp. 197-222.

---

[*] Platón, *La república*, trad. de José Manuel Pabón y Manuel Fernández Galiano, Madrid, Alianza, 1988. (*N. de la T.*)

PRE-MEMORIA

«La posmemoria *han* es una paradoja»: Chu, Seo-Young, «Science Fiction
and Postmemory Han in Contemporary Korean American Literature»,
MELUS 33, n.º 4, 2008, pp. 97-121.

A QUIÉN LLAMAMOS

El título (*Who We Gonna Call*) hace referencia a una frase de la canción
«Ghostbusters», interpretada por Ray Parker Jr., tema principal de la
banda sonora original de la película *Los cazafantasmas*.

VALE DE LA SOMBRA DE LA MUERTE, o ¡EXTRA! ¡EXTRA! ¡LEAN TODO LO SUCEDIDO!

El verso «el insulto es un sonido que nos bestializa» («a slur is a sound that
beasts us») se inspira en los versos del poema en siete partes «far
memory», de Lucille Clifton. En la sexta parte, «karma», leemos:
«the broken vows / hang against your breasts, / each bead a word /
that beats you».

CONDOLENCIAS

Cecilia, de dieciséis años, integrante de la tribu yakama de Toppenish, en
el estado de Washington, murió de gripe en la Chemawa Indian School,
un internado regido por el gobierno federal de Estados Unidos en Salem,
Oregón. El poema «borra» partes del pésame que el director de la
Yakama Indian Agency envió a la madre de Cecilia, Grace Nye. Cecilia
fue una de los miles de nativos americanos que murieron por la epidemia
de gripe, un golpe devastador para una población indígena al borde de la
desaparición a causa del genocidio, la profunda miseria, las enfermedades
y unos traslados forzosos de extrema crueldad, y que además carecía del
derecho al voto y a la representación.

La enfermera jefe Daisy Codding registró en el internado la impactante
cifra de 50 casos de gripe y 13 muertes. Como escribe el director del
centro: «Estaba tan sumamente ocupado que me fue imposible
comunicarle los detalles de la muerte de Cecilia». Cecilia murió
a más de 300 kilómetros de su familia, nada extraño para los niños
indígenas. De hecho, bajo el lema «Mata al indio que hay en él, salva
al hombre», el gobierno de Estados Unidos arrancó a decenas de miles de
niños nativos americanos de sus hogares y los obligó a ingresar en
internados administrados por el gobierno federal para su integración.
Tal como demuestra la muerte de Cecilia, la educación genocida podía,
en efecto, «matar al indio». La carta del director concluye así: «Confío en
que el cuerpo de Cecilia haya llegado en buen estado y le acompaño
en el sentimiento». Hoy día, la Chemawa Indian School es el internado
para estudiantes nativos americanos más antiguo del país que
continúa abierto.

Dana Hedgpeth, «Native American Tribes Were Already Being Wiped
Out — Then the 1918 Flu Hit», *The Washington Post*, 27 de septiembre
de 2020, ‹https://www.washingtonpost.com/history/2020/09/28/
1918-flu-native-americans-coronavirus›.

«Members of Oregon's Congressional Delegation Continue to Demand
Answers Surrounding Chemawa Indian School», Congressional
Documents and Publications, Federal Information & News Dispatch,
LLC, 2018.

SELMA EPP

Catherine Arnold, *Pandemic 1918: Eyewitness Accounts from the Greatest
Medical Holocaust in Modern History*, Nueva York, St. Martin's Press,
2018, p. 124.

LA FAMILIA DONOHUE

Ibid., p. 126.

LIBRO DE CONTABILIDAD DE LA FAMILIA DONOHUE

Ibid., pp. 126-127.

PUTSCH DE D. C.

El título hace referencia al Putsch de la Cervecería o Putsch de Múnich, un intento fallido de golpe de Estado llevado a cabo el 8 y el 9 de noviembre de 1923 y orquestado por Adolf Hitler, líder del Partido Nazi. Tras el golpe, Hitler fue detenido y acusado de alta traición.

LOS SOLDADOS (O PLUMMER)

Durante la Primera Guerra Mundial, en el ejército de Estados Unidos se seguía practicando la segregación racial. La mayor parte del personal afroamericano era destinado a unidades no combatientes y separado de los blancos. De los 400.000 hombres Negros reclutados, más de cien médicos sirvieron como oficiales en el Cuerpo Médico Militar de Estados Unidos, además de 12 oficiales dentistas y 639 oficiales de infantería. En cuanto a las mujeres, 14 afroamericanas trabajaron como personal de Marina. Las barreras administrativas discriminatorias impidieron que enfermeras tituladas afroamericanas se unieran al esfuerzo bélico, pero la crisis sanitaria provocada por la epidemia de 1918 permitió, finalmente, que 18 enfermeras Negras fuesen las primeras mujeres de su raza en prestar servicio en el Cuerpo de Enfermería del Ejército durante la epidemia y en la posguerra.

«Roy Underwood Plummer»: «Cpl. Roy Underwood Plummer's World War I Diary», Smithsonian Institution, Museo Nacional de Historia y Culturas Afroamericanas; fecha de la última modificación: 17 de junio de 2021. <https://transcription.si.edu/project/26177>.

«Plummer mantuvo un diario durante la guerra»: Douglas Remley, «In Their Own Words: Diaries and Letters by African American Soldiers»,

Museo Nacional de Historia y Culturas Afroamericanas; fecha de la
última modificación: 18 de mayo de 2020. <https://nmaahc.si.edu/
explore/stories/collection/in-their-own-words>.

«la mayor parte del personal afroamericano»: «African Americans in the
Military during World War I», Archivos Nacionales; fecha de la última
modificación: 28 de agosto de 2020, <https://research.wou.edu/c.
php?g=551307&p=3785490>.

«permitió, finalmente, que 18 enfermeras Negras»: Moser Jones, Marian
y Matilda Saines, «The Eighteenth of 1918-1919: Black Nurses and the
Great Flu Pandemic in the United States», *American Journal of Public
Health 106*, n.º 6, junio de 2019, p. 878.

GUERRA: ¿CÓMO? ¿ES BUENA?

El título (*War: What, Is It Good?*) es un juego de palabras con la canción
«War» de Edwin Starr, del álbum *War & Peace*, de 1970.

«La gripe de 1918 mató»: Davis, Kenneth C., *More Deadly Than War:
The Hidden History of the Spanish Flu and the First World War*, Nueva York,
Henry Holt and Co., 2018.

«Los británicos fueron pioneros en el corte de cables»: Corera, Gordon,
«How Britain Pioneered Cable-Cutting in World War One»,
BBC News, 15 de diciembre de 2017. <https://www.bbc.com/news/
world-europe-42367551>

«se negaron a publicar las cartas de los médicos»: Little, Becky,
«As the 1918 Flu Emerged, Cover-Up and Denial Helped It Spread»,
History; fecha de la última modificación: 26 de mayo de 2020.
<https://history.com/news/1918-pandemic-spanish-flu-censorship>.

«El Servicio Postal del ejército británico entregó»: «Letters to Loved
Ones», Imperial War Museums; fecha de la última modificación:
14 de diciembre de 2020. <https://www.iwm.org.uk/history/
letters-to-loved-ones>.

«Órdenes Generales n.º 48»: «Soldiers' Mail», The National WWI
    Museum and Memorial; fecha de la última modificación: 8 de julio
    de 2021. <https://www.theworldwar.org/learn/wwi/post-office>.
«informó que su oficina de correos»: «Archive Record», The National
    WWI Museum and Memorial; fecha de la última modificación:
    1 de septiembre de 2021. <https://theworldwar.pastperfectonline.com/
    archive/A346097B-03F6-49BE-A749-422059799862>.
«En 2020 [...] las tarjetas de condolencias se agotaron»: Corkery, Michael
    y Sapna Maheshwari, «Sympathy Cards Are Selling Out», The New York
    Times, 28 de abril de 2020. <https://www.nytimes.com/2020/04/27/
    business/coronavirus-sympathy-cards.html>.
«La mayoría de los usuarios»: «USPS Market Research and Insights:
    COVID Mail Attitudes—Understanding & Impact (April 2020)», United
    States Postal Service; fecha de la última modificación: 1 de mayo de 2020.
    <https://postalpro.usps.com/market-research/covid-mail-attitudes>.
El verso «Qué lugar ocupamos en nuestras historias salvo el presente»
    (What place have we in our histories except the present) está inspirado en el
    poema de D. H. Lawrence «Bajo el roble», en concreto el último verso:
    «¿Qué lugar ocupas tú en mis historias?».

LA FRATERNIDAD

«Carta de Ida B. Wells-Barnett al presidente Woodrow Wilson»,
    DocsTeach; fecha de la última modificación: 19 de septiembre de 2021,
    <https://www.docsteach.org/documents/document/ida-b-wells-wilson>.

PALABRAS CO-SIDAS: LOS NOMBRES

«Los nombres»: Brown, Joe, A Promise to Remember: The Names Project Book
    of Letters, Remembrances of Love from the Contributors to the Quilt, Nueva
    York, Avon Books, 1992.

«entre 27,2 & 47,8 millones de personas»: «Global HIV & AIDS Statistics
  – Fact Sheet», UNAIDS; fecha de la última modificación: 1 de julio
  de 2020. <https://www.unaids.org/en/resources/fact-sheet>.
National AIDS Memorial; fecha de la última modificación: 2020.
  <https://www.aidsmemorial.org/>.

INFORME SOBRE LA MIGRACIÓN DE LOS HADOS

«Verano Rojo»: el mes de julio puede ser tan ardiente como el odio, pero eso
  lo sabemos nosotros mejor que nadie. El «Verano Rojo» de 1919, así como
  los años que siguieron, fue, quizá, el peor que se había visto en Estados
  Unidos en cuanto a la violencia de los blancos contra los Negros. De 1917
  a 1923 miles de americanos murieron en los enfrentamientos raciales que
  se sucedieron en todo el país. El derramamiento de sangre se produjo con
  el estallido de las tensiones raciales, que ya eran muy elevadas. Durante lo
  que se conoce como la Gran Migración, los afroamericanos abandonaron
  las zonas rurales del sur en busca de oportunidades en las ciudades del
  norte. Al finalizar la Primera Guerra Mundial, los veteranos blancos
  volvieron a casa y vieron a los Negros como competidores por los puestos
  de trabajo. Mientras tanto, los soldados Negros regresaban de combatir
  por la democracia en el extranjero y se encontraban con que se les negaban
  los derechos civiles más básicos. Además, el país, sobre todo las áreas más
  pobladas, seguía tambaleante a causa de la tercera ola de la mortífera gripe
  de 1918, y los blancos culpaban con frecuencia a los afroamericanos de
  propagar la enfermedad.
El Ku Klux Klan resurgió a causa de esas tensiones tan turbulentas, y no
  menos de 64 afroamericanos fueron linchados en 1918. En el verano
  de 1919, durante la escalada del conflicto sangriento, estallaron al menos
  25 disturbios raciales por toda la nación. Cientos de hombres, mujeres
  y niños afroamericanos fueron quemados vivos, linchados, arrastrados,
  tiroteados, apedreados, ahorcados o golpeados hasta la muerte por turbas
  itinerantes de blancos; miles de casas y negocios quedaron reducidos a

cenizas, y las familias Negras perdieron su hogar y su trabajo. Mientras que los agresores blancos no recibían castigo ninguno, los americanos Negros (muchos de ellos inocentes) eran convocados y condenados por jurados compuestos íntegramente por blancos. La capital del país tampoco se libró de la mancha del terror racial; a finales de julio, a lo largo de cuatro días de violencia, murieron al menos 39 personas y otras 150 resultaron heridas. Finalmente, el gobierno federal desplegó a 2.000 soldados (paradójicamente, muchos de los agresores blancos eran militares que acababan de regresar a la capital tras la Primera Guerra Mundial).

James Weldon Johnson, autor de «Lift Every Voice and Sing» —también conocida como el himno nacional afroamericano— y primer secretario ejecutivo Negro de la NAACP (la Asociación Nacional para el Progreso de las Personas de Color) bautizó la temporada de conflictos de 1919 como el «Verano Rojo» y escribió en la revista *The Crisis* de la NAACP acerca de lo que vio en Washington D. C. El soneto «Si hay que morir», de Claude McKay, se convirtió en el himno del Verano Rojo. A pesar de los cientos de muertes que causó, todavía no existe una conmemoración nacional en recuerdo de aquellos disturbios (ni de la gripe de 1918). Véanse las fuentes más adelante. Sobre los disturbios en Chicago en 1919, véase el libro de poesía de Ewing, Eve L., *1919*, Chicago, Haymarket Books, 2019.

«De 1917 a 1923»: Tuttle, William M., *Race Riot: Chicago in the Red Summer of 1919*, Urbana, University of Illinois Press, 1996.

«sesenta y cuatro afroamericanos fueron linchados»: «The Red Summer of 1919», *History;* fecha de la última modificación: 6 de agosto de 2020. ‹https://history.com/topics/black-history/chicago-race-riot-of-1919›.

SEG_ _ _ADOS

Los versos «Ja, tan inmenso es nuestro sufrimiento / que probablemente creímos / que ese poema hablaba de nosotros» (*Ha, we're so pained, /*

We probably thought / That poem was about us) está inspirado en la canción «You're So Vain» de Carly Simon.

Los versos «Cualquiera que haya vivido / es historiador & artefacto» (*Anyone who has lived / Is an historian & an artifact*) están inspirados en el libro de poemas *Nox*, de Anne Carson, en concreto en el verso «One who asks about things [...] is an historian».

Coughenour, Courtney, *et al.*, «Estimated Car Cost as a Predictor of Driver Yielding Behaviors for Pedestrians», *Journal of Transport & Health* 16 (febrero de 2020): 100831. https://doi.org/10.1016/j.jth.2020.100831.

Mattoon, Natassia, *et al.*, «Sidewalk Chicken: Social Status and Pedestrian Behavior», California State University, Long Beach; fecha de la última modificación: 22 de julio de 2021. https://homeweb.csulb.edu/ ~nmattoon/sidewalkposter.pdf.

Wolfinger, Nicholas H., «Passing Moments: Some Social Dynamics of Pedestrian Interaction», *Journal of Contemporary Ethnography* 24, n.º 3, octubre de 1995, pp. 323-340. https://doi.org/10.1177/ 089124195024003004.

FURIA & FE

Gracias a Kira Leaveland y a todo el equipo de *CBS This Morning* por haber sido los primeros en acoger los poemas «Furia & fe» y «El milagro de la mañana», entre otros.

LA VERDAD DE UNA NACIÓN

El título y el estribillo «La verdad de una nación» (The Truth in One Nation) están inspirados en la siguiente cita del libro *En la tierra somos fugazmente grandiosos* de Ocean Vuong: «La verdad es una nación sometida a las drogas, a los drones»[*].

---

[*] Vuong, Ocean, *En la tierra somos fugazmente grandiosos*, trad. Jesús Zulaika Goicoechea, Anagrama, Barcelona, 2020. *(N. de la T.)*

«Nuestra guerra ha cambiado»: Abutaleb, Yasmeen, *et al.*, «"The War Has Changed": Internal CDC Document Urges New Messaging, Warns Delta Infections Likely More Severe», *The Washington Post*, 29 de julio de 2021. <https://washingtonpost.com/health/2021/07/29/cdc-mask-guidance>.

El verso «¡Cuánto menos el silencio!» (*Silence least of all*) está inspirado en el libro *Tu silencio no te protegerá*, de Audre Lorde.

LIBACIONES

La distribución gráfica del poema «Libaciones» (*Libations*) está inspirada en la del poema «Obligaciones 2», de Layli Long Soldier.

MONOMITO (o EL VIAJE DEL HÉROE)

Fuentes:

Casselman, Ben y Patricia Cohen, «A Widening Toll on Jobs: "This Thing Is Going to Come for Us All"», *The New York Times*, 2 de abril de 2021. <https://www.nytimes.com/2020/04/02/business/economy/coronavirus-unemployment-claims.html>.

Smith, Clint, *How the Word Is Passed: A Reckoning with the History of Slavery Across America*, Nueva York, Little, Brown and Company, 2021.

Taylor, Derrick Bryson, «A Timeline of the Coronavirus Pandemic», *The New York Times*, 17 de marzo de 2021. <http://www.nytimes.com/article/coronavirus-timeline.html>.

Kann, Drew, «Extreme Drought and Deforestation Are Priming the Amazon Rainforest for a Terrible Fire Season», *CNN*, 22 de junio de 2021. <https://cnn.com/2021/06/22/weather/brazil-drought-amazon-rainforest-fires/index.html>.

Burkhalter, Eddie, *et al.*, «Incarcerated and Infected: How the Virus Tore Through the U.S. Prison System», *The New York Times*, 10 de abril de 2021. <https://www.nytimes.com/interactive/2021/04/10/us/covid-prison-outbreak.html>.

Holder, Josh, «Tracking Coronavirus Vaccinations Around the World»,
The New York Times, 19 de septiembre de 2021. <https://www.nytimes.com/
interactive/2021/world/covid-vaccinations-tracker.html>.

Katella, Kathy, «Our Pandemic Year - A COVID-19 Timeline»,
Yale Medicine; fecha de la última modificación: 9 de marzo de 2021.
<https://www.yalemedicine.org/news/covid-timeline>.

«Listings of WHO's Response to Covid-19», Organización Mundial
de la Salud; fecha de la última modificación: 29 de enero de 2021.
<https://www.who.int/news/item/29-06-2020-covidtimeline>.

Fuller, Thomas, John Eligon y Jenny Gross, «Cruise Ship, Floating Symbol
of America's Fear of Coronavirus, Docks in Oakland», *The New York Times*,
9 de marzo de 2020. <https://www.nytimes.com/2020/03/09/us/
coronavirus-cruise-ship-oakland-grand-princess.html>.

«A Timeline of COVID-19 Vaccine Developments in 2021», *AJMC;*
fecha de la última modificación: 3 de junio de 2021. <https://www.ajmc.com/
view/a-timeline-of-covid-19-vaccine-developments-in-2021>.

The Visual and Data Journalism Team, «California and Oregon 2020 Wildfires
in Maps, Graphics and Images», *BBC News*, 18 de septiembre de 2020.
<https://www.bbc.com/news/world-us-canada-54180049>.

LA COLINA QUE ASCENDEMOS

El verso «Los ojos de la Historia miran hacia nosotros» [«History has its eyes
on us»] es una referencia a «La historia tiene sus ojos puestos en ti»,
de *Hamilton*.

AGRADECIMIENTOS

Gracias por estar dispuesto a llevar estas palabras contigo.
No fue fácil escribirlas y estoy segura de que no fue fácil leerlas.
Celebro que hayas llegado hasta aquí.

Mientras escribía este libro, a menudo me sentía perdida en
el mar. Mi gratitud absoluta, sin ningún orden en particular,
a aquellos que me han mantenido a flote hasta llegar a la orilla.

Escribí este poemario en Los Ángeles, la tierra de los
tongvas, guardianes nativos de este precioso lugar que
llamo casa.

Estoy especialmente agradecida a mi desinteresado e
incansable agente, Steve Malk, a quien considero no solo
un amigo cercano, sino familia. Gracias por seguir creyendo
en mí y en el valor de este poemario, incluso cuando estaba
agotada y llena de dudas.

Gracias a mi editora, Tamar Brazis, que fue tan amable
y generosa al ayudarme a dar vida a mi visión sobre esta obra.
Me gustaría dedicar un gran aplauso al equipo de Penguin
Random House, que incluye, entre otros, a Markus Dohle,
Madeline McIntosh, Jen Loja, Ken Wright, Felicia Frazier,
Shanta Newlin, Emily Romero, Carmela Iaria, Krista Ahlberg,

Marinda Valenti, Sola Akinlana, Abigail Powers, Meriam Metoui, Jim Hoover, Opal Roengchai, Grace Han y Deborah Kaplan.

Mi agradecimiento a los profesores de literatura con los que me topé a lo largo de mi carrera y que me ayudaron a mantener y perfeccionar mi amor por la literatura: a Shelly Fredman, la primera persona que me abrió los ojos y me hizo comprender cuánto deseaba ser escritora; a Alexandra Padilla y Sara Hammerman, que me guiaron con mano generosa a través de ese tortuoso camino que es la secundaria; a Laura van den Berg, que me enseñó a escribir a mis fantasmas en lugar de huir de ellos; a Christopher Spaide, de quien aprendí a interpretar crítica y amablemente la poesía contemporánea, y a Leah Whittington y Daniel Blank, que lograron que me enamorara de los clásicos y de Shakespeare. También estoy en deuda con otros profesores: con Eric Cleveland, *Pop*, por apoyar mi fascinación hacia la biología y por escribirme cada semana esos mensajes paternales para asegurarse de que continuaba viva y de que comía, sumida como estaba en la escritura de este poemario; con Bart Barnokowski, por introducirme rigurosamente en la sociología cultural, de la que dependo para desarrollar mi trabajo; con Álvaro López Fernández; con Marta Olivas; con el equipo de *Temblor*; con el IES Madrid, y con mi familia de acogida española —¡Hola, Pilar y Marucha!—, que se ocuparon tan cariñosamente de que aprendiera el español. Prometo que todavía recuerdo, mmm... algo.

A mi grupo semanal de escritores, Taylor y Najya, mis animadoras con bolígrafos de pompones. (¿Dónde estaría yo sin nuestras llamadas por FaceTime los sábados por la mañana? La respuesta es: «Aún a vueltas con el libro»). A mi prima Maya por enviarme vídeos divertidos cuando los necesito y por hacerme reír siempre.

A Tara Kole y Danny Passman, mis padres abogados, mis últimas neuronas al final del día: gracias por creer fervientemente en mi viaje desde el día en que nos conocimos.

A Caroline Sun, mi publicista, y a Laura Hatanaka, mi asistente: sois las indomables mamás gallinas que siempre han priorizado mi tiempo, mi salud y mi creatividad —aun cuando suela emplear ese tiempo en enviaros GIFs de *Star Trek* sin remordimientos, je, je—, así como agradezco a Courtney Longshore su incansable apoyo entre bastidores.

Un gran abrazo a Sylvie Rabineau, Michelle Bohan, Romola Ratnam, Pierre Elliot Brandon Shaw (alias BS) y a Carmine Spena por su increíble apoyo. Un fervoroso aplauso a mis feroces y fabulosas gladiadoras de la prensa, Vanessa Anderson y Erin Patterson, así como a todo el grupo AM PR. También estoy en deuda con mis mentores creativos del instituto: Michelle Chahine y Dinah Berland, de la organización sin ánimo de lucro Write Girl, que se pasaron las tardes de los miércoles escribiendo conmigo en ruidosos salones de té mientras picoteaba un pastel crujiente de café; e India Radfar, que fue mi mentora en el

Beyond Baroque. Gracias a Jamie Frost, mi antiguo logopeda, y a mi *doppelgänger* espiritual, Blessing.

Un gran reconocimiento a Urban Word, un programa que apoya a los jóvenes poetas laureados en más de sesenta ciudades, regiones y estados de toda la nación, y que me ha brindado el inmenso honor de ejercer como poeta en varias ocasiones. Gracias a Vital Voices, que financió mi proyecto de escritura One Pen One Page, y al apoyo incondicional de Nicco Melle y Mass Poetry, así como al de Jen Benka y la Academia de Poetas Americanos. También agradezco el de mis compañeros poetas: Tracy K. Smith, que ha sido mi hada madrina poeta desde que compartimos escenario en la Biblioteca del Congreso; Richard Blanco, que siempre está a una llamada de distancia y dispuesto a hablar conmigo en español para que pueda practicar; Elizabeth Alexander, que me llamó enseguida cuando se enteró de que había sido elegida poetisa inaugural en 2020 y me alimentó el alma por teléfono. También doy las gracias a la poesía mágica de Jacqueline Woodson, Eve Ewing, Clint Smith, Luis Rodríguez y Juan Felipe Herrera, cuyos trabajos me inspiran constantemente.

A Lin-Manuel Miranda, que hace años aceptó leer un poema mío cuando todavía era una poeta muda. A Malala: tu amistad significa mucho para mí. A Oprah: tu inspiración, guía y resplandor son un privilegio.

Doctora Merije: sé que ha tenido que visitarme demasiaaadas veces porque me he agotado trabajando en este poemario, pero usted siempre me ha recibido con alegría, lo que ha hecho que mis resfriados valieran la pena.

¡Estamos en la recta final, amigas! A mi pandilla de chicas: Alex, Haley y Bib, gracias por soportar mis quejas en el chat de grupo.

Pero, sobre todo, estoy profundamente en deuda con mi familia: mi feroz, fabulosa y formidable madre (todo lo que soy te lo debo a ti); mi talentosa gemela y compinche desde que llevábamos pañales, Gabrielle (GG); mis abuelas, por asegurarse de que coma, duerma y tome mis vitaminas; y mi peludo perrito Lulu, que se acurruca a mi lado cada vez que me cuesta acabar un poema. Os quiero con cada latido de mi corazón.

Gracias, Dios. Gracias, antepasados.

Soy hija de escritores negros; desciendo de luchadores por la libertad que rompieron sus cadenas y cambiaron el mundo. Me interpelan. Los llevo siempre conmigo.

Con amor,

AMANDA

Amanda Gorman (1998) es la poeta más joven que ha inaugurado una investidura presidencial en la historia de Estados Unidos, y la primera Joven Poeta Nacional laureada de Estados Unidos. Activista comprometida con el medio ambiente, la igualdad racial y la justicia de género, su poesía ha aparecido en *The Today Show, PBS Kids, CBS This Morning, The New York Times, Vogue, Essence* y *O, The Oprah Magazine*. Durante sus estudios en la Universidad de Harvard pasó una temporada aprendiendo español en Madrid. Se graduó con calificación *cum laude* y ahora vive en Los Ángeles, su ciudad natal. Tras la edición en 2021 de su poema inaugural, *La colina que ascendemos,* y del libro ilustrado *La canción del cambio,* Lumen publica su primer poemario, aclamado por la crítica y número uno en ventas en Estados Unidos, *Mi nombre es nosotros.*

También de
AMANDA GORMAN

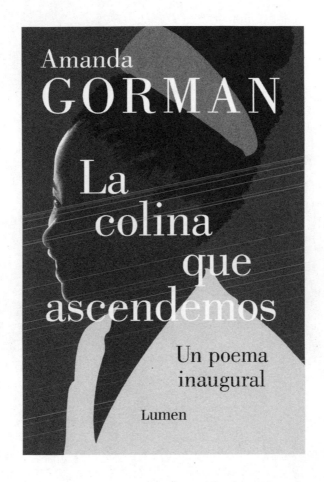

Amanda
GORMAN

La
colina
que
ascendemos

Un poema
inaugural

Lumen

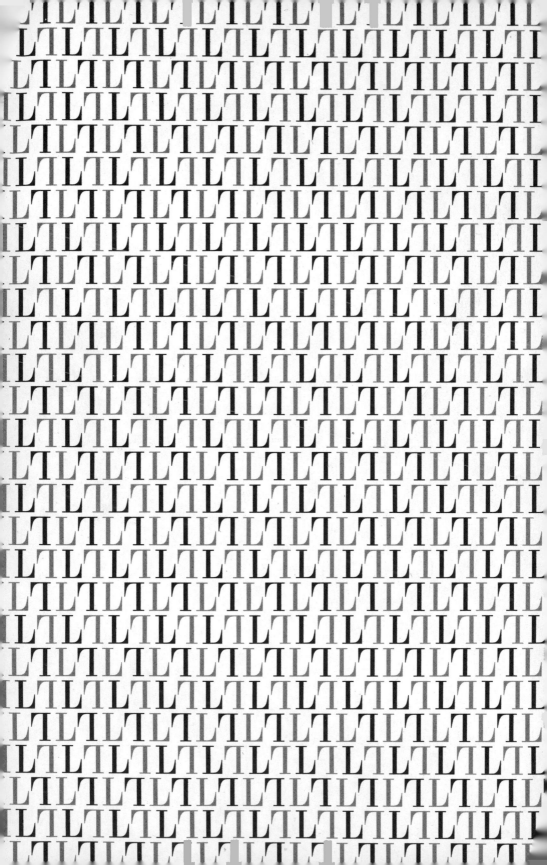